Reihe „... lei

herausgegeben von

Dr. Helwig Hassenpflug und Prof. Dr. Hans-Dieter Schwind
Rechtsanwalt   Hochschullehrer

Arbeitsrecht
leicht gemacht

Eine Einführung mit praktischen Fällen

von

Peter-Helge Hauptmann
Richter, Arbeitsgericht Rostock

Ewald von Kleist Verlag, München

ISBN 3-87 440-158-8

Ewald v. Kleist Verlag, Willroiderstr. 13, 8000 München 90
Alle Rechte bei E. v. Kleist Verlag, München
Gesamtherstellung: Bosch-Druck, Landshut

Vorwort der Herausgeber

Das Arbeitsrecht ist eine Materie, das in besonderem Maße den Alltag des tätigen Menschen bestimmt. Fast jeder ist eingebunden in ein Arbeitsverhältnis und in ihm eingebunden in Pflichten und Rechte, die sein Leben bestimmen. Das Arbeitsrecht nimmt in der Lehre ständig an Bedeutung zu, erreicht dort allerdings nur ganz allmählich den Platz, der ihm seiner praktischen Bedeutung nach zukommt.

Dieses Werk wendet sich an den Studenten zur Vorbereitung der Prüfungen. Aber auch an diejenigen, die in der Praxis mit dem Arbeitsrecht umzugehen haben und in ihm noch nicht zu Hause sind, etwa an ehrenamtliche Richter, Mitarbeiter in Arbeitgeberverbänden und Gewerkschaften, Betriebsräte und Personalsachbearbeiter.

Dem Autor geht es darum, mit diesem Werk die Ziele der Reihe „ . . . leicht gemacht" zu verwirklichen: Einen kurzen verständlichen Überblick über die Grundlagen des Arbeitsrechts zu geben, der gut aufgebaut ist, d.h. durch praktische Fälle zum Mitdenken zwingt und langsam von leichteren zu schwereren Problemen übergeht.

Dabei werden nicht nur die Grundlagen des individuellen und des kollektiven Arbeitsrechts sowie des Arbeitsgerichtsverfahrens dargestellt, sondern auch in besonders wichtigen Problemstellungen des Alltags – etwa der ordentlichen oder außerordentlichen Kündigung – konkrete Lösungswege bis hin zu Prüfungsübersichten (Schemata) aufgezeigt.

Die Reihe „ . . . leicht gemacht" hat mit den bisher erschienenen Titeln Maßstäbe gesetzt und weckt Erwartungen, die, meinen wir, durch die vorliegende Darstellung in bester Weise erfüllt werden. So wird dieser Band eine willkommene Ergänzung in den Bänden ARBEITSRECHT I und II mit den Rechtsprechungsübersichten zu diesem Rechtsgebiet (von Dr. Gerd Federlin in der Reihe der „Definitionenkalender und Rechtsprechungsübersichten" im gleichen Verlag) finden.

Wir hoffen, daß dieser Band den gleichen Anklang findet wie seine Vorgänger zu den anderen Rechtsgebieten.

Berlin/Bochum im November 1992

Helwig Hassenpflug
Hans-Dieter Schwind

Inhaltsverzeichnis

I. Fundamentale Begriffe   Seite

  1. Lektion: Aufriß 7
  2. Lektion: Grundbegriffe 9
  3. Lektion: Arbeiter und Angestellte 15

II. Individualarbeitsrecht

  4. Lektion: Anbahnung des Arbeitsverhältnisses 21
  5. Lektion: Mängel des Arbeitsvertrags 23
  6. Lektion: Rechte und Pflichten im Arbeitsverhältnis 33
  7. Lektion: Ordentliche Kündigung 43
  8. Lektion: Außerordentliche Kündigung 53
  9. Lektion: Aufhebungsvertrag 59
10. Lektion: Befristung des Arbeitsvertrags 62

III. Kollektivarbeitsrecht

11. Lektion: Gewerkschaften und Arbeitgeberverbände 67
12. Lektion: Tarifvertrag 71
13. Lektion: Arbeitskampf 76
14. Lektion: Betriebsrat 81

Anhang: Arbeitsgerichtsverfahren

15. Lektion: Das Verfahren vor dem Arbeitsgericht 93

Verzeichnis der Leitsätze und Übersichten 97

Sachregister 99

I. Fundamentale Begriffe

1. Lektion: Aufriß

Der Begriff „Arbeitsrecht" selbst läßt sich als das Recht der Arbeitsverhältnisse beschreiben. Das Arbeitsrecht regelt in erster Linie das Verhältnis zwischen dem, der arbeitet, dem **Arbeitnehmer**, und dem, für den er arbeitet, dem **Arbeitgeber**. Umfaßt werden daneben auch die mit dem Arbeitsverhältnis zusammenhängenden Gebiete, wie etwa die Beziehungen zwischen den Gewerkschaften und Arbeitgeberverbänden.

Die arbeitsrechtlichen Regelungen befinden sich in einer **Vielzahl verschiedener Gesetze**. Dabei gibt es kein zentrales Gesetz, wie etwa das StGB im Strafrecht, eher im Gegenteil, in zahlreichen Gesetzen werden jeweils eigenständige Materien geregelt. Bekanntmachen sollten Sie sich an dieser Stelle aber schon mit zwei arbeitsrechtlich besonders relevanten Gesetzesstellen: Dem Dienstvertragsrecht im BGB (§§ 611 – 630 BGB) und dem Kündigungsschutzgesetz. Im BGB findet sich im genannten Abschnitt Grundlegendes zum Arbeitsrecht. Das Kündigungsschutzgesetz (KSchG) regelt zahlreiche Aspekte einer Kündigung.

Durch die vielen Gesetze ist es im Arbeitsrecht gar nicht so einfach, jene Grundregel, wonach das Gesetz immer neben dem Lehrbuch liegen soll, zu befolgen. Der „Schönfelder", die bekannte rote Gesetzessammlung, hilft hier kaum weiter, da viele Gesetze dort nicht enthalten sind. Arbeitsrechtler nutzen in der Regel besondere Zusammenstellungen von Arbeitsgesetzen. Am bekanntesten und wohl preiswertesten ist hier der dtv-Band „ArbG", der regelmäßig aktualisiert wird. Er enthält die 45 wichtigsten Gesetze zum Arbeitsrecht. Auch zum erfolgreichen Studium dieses Lehrbuchs ist das **Nachschlagen der Gesetze** und deshalb die Verfügbarkeit Voraussetzung. Ein geeigneter Sammelband ist daher für Sie unverzichtbar.

Im folgenden finden Sie neben den Gesetzesangaben hin und wieder auch Hinweise auf ergangene **Entscheidungen**. Wenn Sie tiefer in die Materie eindringen wollen, dann sollten Sie es nicht versäumen, diese und auch neu ergehende Entscheidungen nachzulesen. Dazu eine kleine Ausführung über die Praxis bei der Veröffentlichung von arbeitsrechtlichen Entscheidungen. Nur die wichtigsten Entscheidungen werden in den allgemein bekannten juristischen Publikationen, wie etwa der Neuen Juristischen Wochenschrift

(NJW) veröffentlicht. Die Veröffentlichung erfolgt dort zudem mit einer sehr deutlichen zeitlichen Verzögerung. Der Arbeitsrechtler liest daher spezielle Zeitschriften. Hervorzuheben unter den vielen Zeitschriften, die das Arbeitsrecht besonders berücksichtigen, ist der „Betriebsberater" (BB) und „Der Betrieb" (DB). Die arbeitsrechtlichen Urteile und Beschlüsse finden sich außer in Zeitschriften auch in Entscheidungssammlungen. Unter diesen hat die „Arbeitsrechtliche Praxis" die größte Bedeutung. Sie ist allgemein unter ihrer Abkürzung „AP" bekannt. Die AP befindet sich in einer ständig wachsenden Anzahl von Din A 5 großen, grünen und sehr dicken Ringbuchordnern. Durch ihre komplizierte Systematik, die mit der alphabetischen Anordnung der Gesetze beginnt, ist sie jedoch sehr schwer zu übersehen. Seit neuestem ist die AP auch in einer computerlesbaren Version, der sog. CD-ROM, erhältlich, welche das Finden von Urteilen und Beschlüssen etwas erleichtert. Bei den Entscheidungssammlungen werden neben der AP auch die EzA (Entscheidungssammlung zum Arbeitsrecht) und die BAGE (Amtliche Sammlung der Entscheidungen des Bundesarbeitsgerichts) häufig genutzt.

Individual- und Kollektivarbeitsrecht

Das Arbeitsrecht teilt sich in zwei Rechtsgebiete: In das Individualarbeitsrecht und in das Kollektivarbeitsrecht.
Das **individuale Arbeitsrecht** regelt das Verhältnis zwischen dem einzelnen Arbeitgeber und dem einzelnen Arbeitnehmer. Von Bedeutung sind dabei die Vorschriften über das Zustandekommen eines Arbeitsverhältnisses, über die Pflichten der Parteien im Arbeitsverhältnis und über die Fragen der Beendigung, insbesondere der Kündigung, der Arbeitsbeziehung. Es geht also um die Rechte und Pflichten zwischen dem einzelnen Arbeitnehmer und seinem direkten Arbeitgeber.
Das **kollektive Arbeitsrecht** betrifft alle Rechtsfragen, bei denen nicht ein Arbeitnehmer als Einzelperson, sondern jeweils eine Gruppe (also ein sog. Kollektiv) von Arbeitnehmern betroffen ist. Dies sind z.B. alle Arbeitnehmer eines Betriebs, alle Arbeitnehmer, die in Deutschland am Bau arbeiten oder alle schwerbehinderten Arbeitnehmer. Der Kollektivbegriff des aktuellen Arbeitsrechts ist also nicht mit dem zu verwechseln, der von den Institutionen der ehemaligen DDR geprägt wurde.
Das kollektive Arbeitsrecht beschäftigt sich insbesondere mit den Rechten der Gewerkschaften und ihren Gegenspielern, den Arbeitgeberverbänden,

sowie mit den Fragen, die bei Abschluß von Tarifverträgen oder bei Durchführung von Arbeitskampfmaßnahmen (z.B. Streik) auftreten. Weiterhin sind die rechtlichen Probleme der innerbetrieblichen Mitbestimmung (Stichwort: Betriebsrat) von Bedeutung.

Leitsatz 1:
>   **(Individual- und Kollektivarbeitsrecht)**
>   Das Individualarbeitsrecht befaßt sich mit dem einzelnen Arbeitnehmer und seinem direkten Arbeitgeber. Das Kollektivarbeitsrecht hingegen regelt die Rechtsfragen, von denen Arbeitnehmer als Gruppe betroffen sind.

2. Lektion: Grundlagen

Nicht jeder, der für andere arbeitet, ist Arbeitnehmer

FALL 1: Die Hausarbeit wird der Mutter der Großfamilie A zuviel. Die Familie entschließt sich deshalb, eine Hilfe für den Haushalt, das Kochen und die Kindererziehung zu beschäftigen. Sie finden in der Nachbarschaft eine Frau K, die bereit ist, viermal in der Woche von 8.00 – 14.00 Uhr zu kommen. Sie vereinbaren die Bezahlung durch festen Stundenlohn. Nach acht Monaten verlangt die Haushälterin Erholungsurlaub, in dem sie weiter bezahlt werden möchte. Zu Recht?

Ein Recht auf bezahlten Erholungsurlaub steht jedem Arbeitnehmer zu. Dies ergibt sich aus § 1 des Bundesurlaubsgesetzes (BUrlG). Mehr über den Urlaubsanspruch erfahren Sie in Lektion 6. Entscheidend für die Lösung des Falls 1 ist die Feststellung, daß gem. § 1 BUrlG nur dem **Arbeitnehmer** der Urlaub zusteht. Ist die Haushälterin nun Arbeitnehmer der Familie A, oder leistet sie ihren Dienst aufgrund einer anderen Beziehung?

Dazu müssen Sie folgendes wissen: Nicht jeder, der Dienstleistungen erbringt, also für andere arbeitet, ist **Arbeitnehmer**. Er kann seine Arbeit auch als **Selbständiger** verrichten. Selbständig ist etwa der niedergelassene Arzt, der freie Rechtsanwalt oder der Handelsvertreter. Der behandelnde Arzt ist – wie allgemein bekannt – nicht Arbeitnehmer seines Patienten, der beratende Rechtsanwalt nicht Arbeitnehmer seines Mandanten.

Die Selbständigkeit liegt allerdings nicht immer so klar auf der Hand. Es gilt also zu klären, in welchen Fällen es sich um einen Arbeitnehmer handelt, der unter das Arbeitsrecht fällt, und wann um einen Selbständigen, der zwar auch für andere arbeitet, für den jedoch das allgemeine Vertragsrecht gilt. Wie unterscheidet man nun beide voneinander? Das Gesetz hilft wenig weiter. Dort findet sich weder eine Regelung zur Unterscheidung beider Formen noch eine Definition des Begriffs „Arbeitnehmer".

Allgemein läßt sich sagen, daß jene Arbeit, die **fremdbestimmt** ist, die Arbeit eines Arbeitnehmers ist. Derjenige, der selbständig bestimmen kann, arbeitet somit aufgrund eines freien zivilrechtlichen Vertrags, auf den die arbeitsrechtlichen Bestimmungen nicht zutreffen.

Das hört sich einfach an, in Zweifelsfällen ist es aber sehr schwer festzustellen, ob fremdbestimmte oder selbstbestimmte Arbeit vorliegt. Das Bundesarbeitsgericht stellte dementsprechend fest, daß es keinen einheitlichen Maßstab gibt, der für die Arbeitssituation eines Akkordarbeiters, eines Kapitäns, einer Tänzerin oder eines Chefarztes gleichermaßen paßt (BAG, DB 1978, 1035). Es muß also jedesmal die besondere Situation beurteilt werden.

Als Anhaltspunkte gelten drei Kriterien:

1. Der Umfang der **Weisungsgebundenheit**, also inwieweit der Dienstleistende Weisungen unterliegt. Wer bestimmt die Arbeitszeit? Wer bestimmt, was gearbeitet wird?
2. Die **Eingliederung** in den Betrieb, also inwieweit der Dienstleistende in den Arbeitsablauf eingegliedert ist.
3. Die **Arbeitszeit**, die der Dienstleistende dem Arbeitsplatz widmet. Ob er dort fast ausschließlich arbeitet, oder ob er nebenher noch für andere arbeitet oder arbeiten könnte.

Nun zur Lösung des **Fall 1**. Wie passen Ihrer Meinung nach die Kriterien auf den Fall?

Die Familie A gibt der Haushälterin K die täglichen Arbeitsstunden vor. Weiterhin bestimmt sie, welche Aufgaben im Haushalt zu erledigen sind. Damit bestimmt die Familie der K alles, was einer Haushälterin üblicherweise bestimmt wird, so daß man sagen kann, daß K weisungsgebunden ist.

Das zweite Kriterium, das der Eingliederung in den Betrieb, besitzt in diesem Fall keine Aussagekraft. Es fehlt schlicht an der Voraussetzung, da kein Betrieb und kein Arbeitsablauf in dem Sinn besteht. Es kann also durchaus vorkommen, daß sich ein Kriterium aufgrund des Sachverhalts nicht sinnvoll heranziehen läßt. Bestände hingegen ein Betrieb, so müßte man abwägen, ob die fragliche Person beim Arbeitsablauf außen vor steht, oder ob sie in ihn integriert ist.

Nun zum Kriterium Arbeitszeit: K arbeitet insgesamt 24 Stunden pro Woche bei der Familie. Zudem liegen diese Stunden in der Hauptarbeitszeit, so daß wir feststellen können, daß K einen Hauptteil der ihr zur Verfügung stehenden Arbeitszeit der Familie A widmet.

Eine Gesamtbetrachtung der Kriterien ergibt, daß sowohl die Weisungsgebundenheit als auch die umfangreiche Arbeitszeit für die Annahme der Arbeitnehmereigenschaft sprechen. Dagegen finden sich keine Argumente. K ist also Arbeitnehmer. Sie hat damit Anspruch auf bezahlten Erholungsurlaub.

Leitsatz 2:
(Arbeitnehmer oder Selbständiger)
Arbeitnehmer ist der, der fremdbestimmt und nicht selbständig arbeitet. In Zweifelsfällen ist dies insbesondere anhand folgender drei Anhaltspunkte zu unterscheiden:
1. Umfang der Weisungsgebundenheit
2. Eingliederung in den Betrieb
3. Dauer und Lage der Arbeitszeit

FALL 2: In der Familie A arbeitet der Vater V als Postbeamter, die Mutter M hat einen kleinen Lebensmittelladen, die Tochter T geht zur Schule und hilft nachmittags oft im Laden der Mutter, der erste Sohn S1 leistet Dienst bei der Bundeswehr und der zweite Sohn S2 verbüßt eine Strafe im Gefängnis und stellt dort Holzmöbel her. Wer, meinen Sie, ist von den Mitgliedern der Familie Arbeitnehmer?

Auf den ersten Blick läßt sich feststellen, daß alle Mitglieder eine Arbeitsleistung erbringen. Die Mutter ist selbständig. Sie ist daher – wie schon dargelegt – kein Arbeitnehmer. Die anderen Familienmitglieder arbeiten jedoch fremdbestimmt. Sind sie Arbeitnehmer? Gilt für Sie das Arbeitsrecht?

Aufgepaßt! Auch nicht alle, die fremdbestimmt arbeiten, sind Arbeitnehmer. Es gibt eine Vielzahl von Ausnahmen:

Beamte, Richter und Soldaten werden aufgrund eines öffentlichen Dienstverhältnisses tätig.

Strafgefangene und **Personen, die in geschlossene Anstalten eingewiesen sind**, arbeiten im Rahmen eines öffentlich-rechtlichen Gewaltverhältnisses.

Gesellschafter, die für ihre Gesellschaft tätig werden, sind keine Arbeitnehmer.

Vorstandsmitglieder juristischer Personen sind in ihrer Funktion als Leiter keine Arbeitnehmer.

Kinder und **Ehegatten** sind, wenn sie im Rahmen ihrer familienrechtlichen Pflicht helfen, keine Arbeitnehmer.

Darüber hinaus bestehen noch weitere Ausnahmen, etwa für die Mitglieder von religiösen Orden, die aus Überzeugung Arbeit leisten.

Zurück zum **Fall 2**! Welche Person ist Arbeitnehmer und welche nicht? Der Vater ist Beamter, die Tochter T arbeitet aufgrund familiärer Pflichten, S2 als Strafgefangener unterliegt einem öffentlich-rechtlichen Gewaltverhältnis und S1 unterliegt, wie der beamtete Vater, einem öffentlich-rechtlichen Dienstverhältnis. Die Mutter ist selbständig. Es zeigt sich also, daß überhaupt kein Mitglied der Familie A Arbeitnehmer ist.

Übersicht 1:

Arbeitsleistende

Arbeitsleistende	
selbständige Arbeitsleistung	
Selbständig Tätiger	→ freier zivilrechtlicher Vertrag

fremdbestimmte Arbeitsleistung	+
Arbeitnehmer (Regelfall)	→ Arbeitsvertrag
Beamte, Richter Soldaten	→ öffentlich-rechtliches Dienstverhältnis
Strafgefangene, Personen, die in geschlossenen Anstalten eingewiesen sind	→ öffentlich-rechtliches Gewaltverhältnis
Gesellschafter und Vorstandsmitglieder von juristischen Personen	→ für ihre Gesellschaft bzw. juristische Person tätig
Kinder und Ehegatten im Rahmen der familiären Basis	→ familiäre Pflichten
Weitere Ausnahmen z.B. Mitglieder religiöser Orden	

Arbeitgeber

Weitaus einfacher als die Erläuterung des Begriffs Arbeitnehmer ist die Erklärung des Begriffs **Arbeitgeber**, denn Arbeitgeber ist jeder, der mindestens einen Arbeitnehmer bei sich beschäftigt.

Leitsatz 3:
(Arbeitgeber)
Arbeitgeber ist jeder, der mindestens einen Arbeitnehmer beschäftigt.

Betrieb, Unternehmen und Konzern

Auf Arbeitgeberseite kommen oft weitere Begriffe vor: Es heißt etwa Betrieb, Unternehmen oder auch Konzern. Was bedeuten diese Begriffe? Es sind Organisationsformen von Firmen. An diese Organisationsformen knüpft das Arbeitsrecht in vielen Fällen an. Ein Beispiel ist der Betriebsrat. Er kann in Betrieben mit mindestens fünf ständigen, wahlberechtigten Arbeitnehmern, von denen drei wählbar sind, gewählt werden (§ 1 BetrVG). Weiteres zum Betriebsrat in Lektion 14. Ein anderes Beispiel für die Anknüpfung des Arbeitsrechts an den Begriff Betrieb ist die Betriebszugehörigkeit eines Arbeitnehmers. Hiernach bestimmen sich aufgrund des Tarifvertrags oft die Länge des Erholungsurlaubs oder sogar die Höhe des Entgelts.
Die Definition des Begriffs **Betrieb** ist leider sehr kompliziert. Sie sollten Sie zumindest einmal gelesen haben: Betrieb ist eine organisatorische Einheit, mit der ein Unternehmer mit sächlichen und immateriellen Mitteln unter Einsatz menschlicher Arbeitskraft einen bestimmten arbeitstechnischen Zweck **unmittelbar** fortgesetzt verfolgt. Dies bedeutet soviel, als daß ein Arbeitgeber mit Maschinen, Ideen und Arbeitskräften auf Dauer direkt etwas erstellt oder bewirkt. Typische Beispiele für einen Betrieb: ein Kaufhaus, ein Fahrradwerk, ein Friseursalon etc.
Es gibt aber auch Problemfälle. Gelten zwei Werke einer Firma, die nur 10 km von einander entfernt liegen als ein Betrieb mit zwei Betriebsteilen, oder als zwei einzelne Betriebe? Sehen Sie in die Definition. Wo liegt das Problem? Die organisatorische Einheit ist fraglich! Der Problemfall läßt sich allerdings mit den bekannten Tatsachen nicht lösen. Es fehlen Einzelheiten. Es kommt immer auf die Umstände des Einzelfalls an! Arbeiten

beide Werke völlig unabhängig voneinander, so liegen zwei Betriebe vor. Sind sie sehr verzahnt, haben sie einen gemeinsamen Aufgabenbereich und eine vereinte Organisation, so ist von einem Betrieb auszugehen.

Ein **Unternehmen** ist eine organisatorische Einheit, die bestimmt wird durch den wirtschaftlichen oder ideellen Zweck, dem ein Betrieb oder mehrere organisatorisch verbundene Betriebe desselben Unternehmens dienen. Sind also mehrere Betriebe eines Unternehmens durch einen wirtschaftlichen oder ideellen Zweck verbunden, so bilden sie ein Unternehmen. Fehlt dieser Zweck, so ist es kein gemeinsames Unternehmen. Ein Unternehmer kann deshalb zwei Betriebe besitzen und doch nicht ein, sondern zwei Unternehmen haben. Dies ist z.B. der Fall, wenn ein Betrieb Backwaren herstellt und der andere mit Surfbrettern handelt.

Sind nun wiederum mehrere Unternehmen zusammengeschlossen, wird diese organisatorische Einheit **Konzern** genannt.

Auch die Begriffe Unternehmen und Konzern werden vom Arbeitsrecht aufgegriffen; so etwa bei der Bildung von Betriebsräten. Denn gem. §§ 47ff BetrVG besteht die Möglichkeit, Gesamtbetriebsräte in Unternehmen oder Konzernbetriebsräte zu wählen.

Die drei Begriffe lassen sich gut an der Volkswagen AG darstellen. Die Volkswagen AG ist ein Konzern. Dieser Konzern teilt sich in mehrere Unternehmen u.a. in Audi, Seat, Skoda und Volkswagen selbst. Jedes dieser Unternehmen hat eigene Betriebe; Audi etwa das Werk Ingolstadt, VW etwa das Werk Wolfsburg, das Werk Hannover und das Werk Braunschweig.

Übersicht 2:

Betrieb – Unternehmen – Konzern

Organisatorische Einheit, ...

Betrieb	mit der ein Unternehmer mit sächlichen und immateriellen Mitteln unter Einsatz menschlicher Arbeitskraft einen bestimmten arbeitstechnischen Zweck unmittelbar fortgesetzt verfolgt
Unternehmen	bestimmt durch den wirtschaftlichen oder ideellen Zweck, dem ein Betrieb oder mehrere organisatorisch verbundene Betriebe desselben Unternehmens dienen
Konzern	in Form eines Zusammenschlusses von Unternehmen

Systematischer Konzernaufbau:

3. Lektion: Arbeiter und Angestellte

FALL 3: In der Betriebsvereinbarung einer Rasenmäherfabrik R ist festgelegt, daß den Arbeitern morgens und abends jeweils 10 Minuten bezahlte Zeit zum Umziehen zusteht. Angestellte erhalten diese Vergünstigung nicht. Die Mitarbeiter des kleinen Forschungslabors, in dem die Haltbarkeit der verwendeten Materialien geprüft wird, beanspruchen die Umziehzeit. Zu Recht?

Der Fall wirft die Frage auf, wer Arbeiter und wer Angestellter ist. Früher wurde die Unterscheidung mit folgender Daumenregel gelöst: Der, der steht und der, der sitzt. Die Situation hat sich allerdings mit der fortschreitenden Entwicklung der Arbeitswelt verkompliziert.

Die Definition erfolgt heute über den Begriff des Angestellten. **Wer nicht Angestellter ist, der ist unausweichlich Arbeiter.** Damit ist auch sichergestellt, daß alle Arbeitnehmer entweder als Angestellte oder als Arbeiter zu qualifizieren sind.

Wer ist also **Angestellter**? Ganz genau ist das nirgends geregelt. Eine umfassende Tabelle, welche in den meisten Fällen hilft, findet sich im Angestelltenversicherungsgesetz (AVG). Dort heißt es in § 3 Abs. 1 AVG: „Zu den Angestellten gehören insbesondere..." und dann folgt eine Auflistung mit acht Unterpunkten. Bitte lesen Sie diese Auflistung. Zusammenfassend läßt sich sagen, daß alle Arbeitnehmer, die eine kaufmännische Tätigkeit oder Büroarbeit ausführen, Angestellte sind.

Dies trifft insofern auf die Verkäufer in den Einzelhandelsgeschäften, auf die Arbeitnehmer der Banken und auf alle, die in den verschiedenartigen Büros arbeiten, zu. Diese Arbeitnehmer sind also **Angestellte**.

Anders ist dies etwa bei den Bauberufen wie Maurer, Zimmermann und Maler, bei allen Handwerkern und bei Lagerarbeitern. Diese Tätigkeiten sind weder kaufmännisch, noch ist es Büroarbeit. Diese Arbeitnehmer sind deshalb **Arbeiter**.

Lesen Sie nun § 3 AVG weiter! In Abs. 3 wird der Bundesarbeitsminister ermächtigt, Berufsgruppenverzeichnisse zu erlassen. Dementsprechend liegt eine „Bestimmung der Berufsgruppen der Angestelltenversicherung" vor, in die der Bundesarbeitsminister verschiedene Berufsgruppen näher einordnet. Sie ist jedoch nicht sehr ausführlich und hat nur bindende Wirkung, wenn in anderen Gesetzen direkt darauf verwiesen wird. In der Praxis ist sie deshalb kaum von Bedeutung.

In den vielen verbleibenden Zweifelsfällen ist dann die Frage, ob ein Arbeitnehmer Angestellter ist, nach der sog. **Verkehrsanschauung** zu entscheiden. Hierzu haben sich verschiedene Anhaltspunkte entwickelt. Angestellte sind demnach Arbeitnehmer, deren Tätigkeit überwiegend **in nicht körperlicher, sondern geistiger Arbeit** besteht (wichtigster Punkt), denen ein größeres Maß von Selbständigkeit und Verantwortung gegenüber dem Betrieb eingeräumt wird oder die von den beteiligten Berufskreisen als Angestellte angesehen werden.

Auch mit diesen Anhaltspunkten fällt die Einordnung der verschiedenen Berufsarten nicht leicht, so daß es zu vielen Auseinandersetzungen kommt. Einige Zweifelsfälle sind inzwischen gerichtlich entschieden. Folgende Arbeitnehmer sind demnach **Angestellte:** Kassierer in Selbstbedienungsläden, Krankenpfleger (-schwestern), Masseure, Musiker, Telephonisten und Zahntechniker beim Zahnarzt. Folgende sind **Arbeiter:** Lageristen, Schloßführer, Straßenbahnführer, Tankwarte, Verkäufer in Zeitungs- und Süßwarenkiosken, Werksfeuerwehrleute, Zahntechniker im Labor (nach Schaub, Arbeitsrecht, 6.A., S. 50). Die Aufstellung gilt gleichermaßen für die weiblichen Berufsgruppen.

Leitsatz 4:

(**Angestellter oder Arbeiter**)

Angestellte sind jene Arbeitnehmer, die eine kaufmännische Tätigkeit oder Büroarbeit ausführen. Auflistungen finden sich in § 3 AVG und in der Berufsgruppenbestimmung des Bundesarbeitsministers. Im Zweifel ist anhand der Verkehrsauffassung zu entscheiden. Angestellte sind demnach Arbeitnehmer,

– deren Tätigkeit überwiegend in nicht körperlicher, sondern geistiger Arbeit besteht,
– denen ein größeres Maß von Selbständigkeit und Verantwortung gegenüber dem Betrieb eingeräumt wird,

- die von den beteiligten Berufskreisen als Angestellte angesehen werden.

Arbeitnehmer, die nicht als Angestellte zu klassifizieren sind, sind damit Arbeiter.

Nun zurück zum **Ausgangsfall 3**! Sind die Mitarbeiter des Labors nun Arbeiter oder Angestellte? Als erstes ist zu überlegen, ob sie kaufmännische oder bürotypische Arbeit erledigen. Dies ist nicht der Fall. Als Laborarbeiter sind sie weder im Büro, noch verkaufen sie oder ähnliches. Die klassische Eingrenzung des Angestellten führt also nicht weiter. Fragen wir weiter: Leisten die Mitarbeiter nun überwiegend geistige oder körperliche Arbeit? Im Labor wird sicher auch körperliche Arbeit anfallen, wie das Hereinbringen oder das Zerkleinern von Materialproben, die Hauptaufgabe liegt aber in der Auswertung und Analyse der Untersuchungen. Dies ist geistige Arbeit. Die Arbeitnehmer im Labor sind daher Angestellte. Ihnen steht in der Rasenmäherfabrik R, die nur den Arbeitern eine Umkleidezeit zubilligt, keine Umziehpause zu.

Der Unterschied zwischen Arbeitern und Angestellten hatte bisher große Bedeutung im Kündigungsschutzrecht. Für beide Gruppen galten und gelten sehr unterschiedliche Kündigungsfristen (Siehe Lektion 7). Vom Bundesverfassungsgericht (BVerfG) ist diese Unterscheidung jedoch kürzlich als verfassungswidrig zurückgewiesen worden (NJW 1990, S. 2246). Bis 1993 soll eine Änderung erfolgen. Als Folge dieses Beschlusses wird wahrscheinlich die Bedeutung der Unterscheidung zwischen Arbeitern und Angestellten stark zurückgehen.

Leitende Angestellte

FALL 4: In einer großen Bank stehen Betriebsratswahlen an. L ist Leiter der Wertpapierabteilung. Diese Abteilung umfaßt ca. 20 Mitarbeiter und ist direkt der Geschäftsleitung unterstellt. L strebt das Amt des Betriebsrats an. Sehen Sie Probleme? Lesen Sie die §§ 1, 5 Abs.3 Betriebsverfassungsgesetz (BetrVG).

Der Betriebsrat und seine Wahl sind nicht Thema dieser Lektion. Damit befassen wir uns erst in Lektion 14. Von Bedeutung ist in diesem Zusammenhang, daß § 5 Abs.3 BetrVG **leitende Angestellte** von der Anwendung des Gesetzes ausschließt. Dort findet sich auch eine Definition des leitenden Angestellten (lesen!). Er ist – kurz gefaßt – zur selbständigen Einstellung und Entlassung berechtigt, hat Generalvollmacht oder Prokura oder nimmt eigenverantwortliche Aufgaben wahr.

Leitende Angestellte können also, da das Betriebsverfassungsgesetz auf sie keine Anwendung findet, weder den Betriebsrat wählen, noch als Betriebsrat gewählt werden. Sie werden demnach auch nicht durch den Betriebsrat vertreten. Ihre Vertretung finden die leitenden Angestellten in sog. Sprecherausschüssen, die im Gesetz über Sprecherausschüsse der leitenden Angestellten (SprAuG) geregelt werden.

Leitsatz 5:

(Leitende Angestellte)

Leitende Angestellte sind entweder
– zur selbständigen Einstellung und Entlassung berechtigt oder
– haben Generalvollmacht oder Prokura oder
– nehmen eigenverantwortliche Aufgaben wahr.
Die gesetzliche Definition findet sich in § 5 Abs. 3 BetrVG.

Kommen wir zurück zu **Fall 4**. Ist L nun als leitender Angestellter zu klassifizieren? Es ist durchaus möglich, daß der Leiter einer solchen Wertpapierabteilung zur selbständigen Einstellung und Entlassung berechtigt ist und Prokura bzw. sogar Generalvollmacht hat. Aus dem Sachverhalt läßt sich jedoch nichts dazu entnehmen, so daß wir dies nicht zugrunde legen können. Die Frage ist damit, ob L eigenverantwortliche Aufgaben wahrnimmt und daher als leitender Angestellter einzuordnen wäre. Allein aus der Tatsache, daß er eine Abteilung leitet, läßt sich noch nichts ablesen. Es existieren Abteilungen mit nur sehr wenig Mitarbeitern, etwa nur dem Leiter und seinem Stellvertreter, oder bei denen der Leiter keinerlei Entscheidungsspielraum hat, etwa weil er sich fest nach vorgegebenen Preislisten zu richten hat. In derartigen Fällen liegt keine eigenverantwortliche Aufgabenwahrnehmung vor. Es kommt also auf den Einzelfall an. Im vorliegenden Fall leitet L eine Abteilung mit ca. 20 Mitarbeitern. Diese führt er dementsprechend in eigener Verantwortlichkeit. L leitet zudem eine wichtige Abteilung, da die Wertpapierabteilung in der Regel Kontakt mit den vermögenden Kunden hat. Desweiteren untersteht er nur der Geschäftsleitung. L steht also in der Hierarchie weit oben. Damit läßt sich schlußfolgern, daß L eigenverantwortliche Aufgaben wahrnimmt. L ist daher als leitender Angestellter einzuordnen. Sein Wunsch, Betriebsrat zu werden, scheitert somit schon bei der Aufstellung als Kandidat. Als leitender Angestellter kann er nicht gewählt werden.

Weitere **Sonderbehandlung** finden die leitenden Angestellten im Kündigungsschutzgesetz (KSchG) und der Arbeitszeitordnung (AZO). Zudem werden ihre Arbeitsverträge i.d.R. nicht von den allgemeinen Tarifverträgen umfaßt, sondern beruhen auf Einzelvereinbarungen.

II. Individualarbeitsrecht

4. Lektion: Anbahnung des Arbeitsverhältnisses

Bevor wir zu den Einzelheiten über die Anbahnung des Arbeitsverhältnisses kommen, wollen wir uns zum
Individualarbeitsrecht mit der rechtlichen Einordnung des Arbeitsvertrags beschäftigen. Auf den ersten Blick stellen sich verschiedene Fragen: Was ist ein Arbeitsvertrag? Ist er mit anderen Verträgen vergleichbar? Auf welcher Rechtsgrundlage steht er?
Die Lösung ist unproblematisch: Grundsätzlich ist der Arbeitsvertrag ein Schuldvertrag wie jeder andere. Auch er wird im BGB geregelt.
Einzuordnen ist der Arbeitsvertrag in das Dienstvertragsrecht (§§ 611 – 630 BGB). Er ist eine Unterart des Dienstvertrags. Für den Arbeitsvertrag gelten – wie für alle Schuldverträge des BGB – der Allgemeine Teil (Erstes Buch) und die allgemeinen Vorschriften zum Schuldrecht (§§ 241 – 432 BGB). Wenn Ihnen der Aufbau des BGB nicht geläufig ist, so sollten Sie sich spätestens jetzt einen Überblick über die einschlägigen Abschnitte anhand des BGB-Inhaltsverzeichnisses verschaffen!
In jedem Fall sollten Sie die entsprechenden Abschnitte nochmals durchsehen. Zur Einordnung des Arbeitsvertrags ein kurzer Leitsatz:

Leitsatz 6:

(Arbeitsvertrag)

Der Arbeitsvertrag stellt eine Unterart des Dienstvertrags (§§ 611 – 630 BGB) dar. Für ihn gelten die Vorschriften des Allgemeinen Teils des BGB (Erstes Buch) und des Allgemeinen Teils des Schuldrechts (§§ 241 – 432 BGB).

Einstellung

FALL 5: A, ein Schlosser aus Flensburg, der gerade seine Gesellenprüfung abgelegt hat, bewirbt sich auf eine Stelle in München. Er erhält eine Einladung zum Vorstellungsgespräch. Als ihm die hohen Fahrtkosten bewußt

werden, überlegt er, ob er überhaupt fahren soll. Was raten Sie ihm, nachdem Sie die §§ 662, 670 BGB gelesen haben?
Üblicherweise beginnt die Einstellung eines Arbeitnehmers mit der Bewerbung und dem daraus folgenden Vorstellungsgespräch. Zum Vorstellungsgespräch lädt der Arbeitgeber ein. Es ist mithin ein Auftrag an den Arbeitnehmer, sich bei ihm vorzustellen. Es gelten die Vorschriften des Auftrags (§§ 662 – 676 BGB). Gem. § 662 BGB übernimmt der Beauftragte den Auftrag zur kostenlosen Ausführung. Dies bezieht sich nicht auf die **Aufwendungen**. Der Beauftragte kann jedoch darauf vertrauen, daß der Auftraggeber die erforderlichen Aufwendungskosten übernimmt (§ 670 BGB). Beim Vorstellungsgespräch sind dies etwa die Fahrt-, Übernachtungs- und Verpflegungskosten. Diese Aufwendungen muß also der einladende Arbeitgeber bezahlen. Nicht dazu gehört der Verdienstausfall eines Arbeitnehmers, der bei einem anderen Arbeitgeber unbezahlten Urlaub zur Vorstellung nimmt.

Der Arbeitgeber kann sich allerdings der Verpflichtung zur Erstattung der Kosten entledigen. Wenn er bei der Einladung daraufhin weist, daß er die Kosten nicht übernehmen will, so ist er auch nicht aus § 670 BGB verpflichtet.

Leitsatz 7:
(Aufwendungen zum Vorstellungsgespräch)
Lädt ein Arbeitgeber zum Vorstellungsgespräch ein, ohne ausdrücklich darauf hinzuweisen, daß er die Aufwendungen nicht übernimmt, so ist er zur Erstattung der Aufwendungen (Fahrt-, Übernachtungs- und Verpflegungskosten) verpflichtet (§§ 662, 670 BGB).

Der **Fall 5** löst sich also sehr einfach. Wir empfehlen daher, das Vorstellungsgespräch wahrzunehmen.

Über die Pflicht des Arbeitgebers zur Erstattung der Vorstellungsaufwendungen hinaus, unterliegt die Anbahnung des Arbeitsvertrags noch weiteren Bindungen. **Treu und Glauben** verpflichten einerseits den Arbeitnehmer zur Mitteilung über Leistungshindernisse. Dies sind etwa Krankheiten, die die Arbeitsausführung erschweren oder unmöglich machen, wie Rheuma in den Händen bei einer Sekretärin oder Katzenallergie bei einer Tierarzthelferin. Andererseits obliegt dem Arbeitgeber die Pflicht, die Bewerbungsunterlagen sorgfältig zu verwahren und ggf. schnell zurückzusenden. Des weiteren ist er verpflichtet, über die ihm durch die Bewerbung bekannt gewordenen Geheimnisse, Stillschweigen zu wahren.

Schon bei der Ausschreibung hat der Arbeitgeber zu beachten, daß er einen Arbeitsplatz nur geschlechtsneutral, so daß sich Frauen und Männer gleichermaßen angesprochen fühlen, ausschreiben darf (§ 611b BGB). In einer Zeitungsanzeige darf es deshalb nicht heißen, „gesucht wird ein Kraftwagenfahrer" sondern „gesucht wird ein(e) Kraftwagenfahrer(in)". Dies gilt natürlich nicht für Stellen, bei denen das Geschlecht unverzichtbare Voraussetzung der Tätigkeit ist, etwa wenn im Theater eine weibliche Rolle zu besetzen ist, oder wenn Aufsichtspersonal in einer Haftanstalt gesucht wird.

5. Lektion: Mängel des Arbeitsvertrags

Anfechtung wegen arglistiger Täuschung

FALL 6: Die A-Bank gibt eine Stellenanzeige auf. Sie sucht eine(n) Bankkauffrau(mann). Erwünscht werden die üblichen Unterlagen und zusätzlich ein handgeschriebener Lebenslauf. Die entsprechend ausgebildete Bankkauffrau B bewirbt sich auf die Anzeige. Weil sie ihre Handschrift für kaum leserlich hielt, hatte sie ihren Vater gebeten, den Lebenslauf zu schreiben. B erhält die Stellung. Inzwischen ist ihr die Angelegenheit mit dem Lebenslauf sehr unangenehm. Sie befürchtet rechtliche Folgen. Zu Recht?

Bei einem normalen Kauf- oder Darlehensvertrag prüfen wir bei einem solchen Sachverhalt die Anfechtung gem. § 123 BGB wegen arglistiger Täuschung. Aber kann auch ein Arbeitsvertrag angefochten werden? Die Antwort müßte Ihnen schon klar sein!

§ 123 BGB befindet sich im ersten Buch des BGB, das – wie oben dargestellt – auch auf Arbeitsverträge Anwendung findet. Die Anfechtung eines Arbeitsvertrags ist daher grundsätzlich möglich. Welche Folgen hat die Anfechtung eines Arbeitsvertrags? Normalerweise ist ein angefochtener Vertrag gem. § 142 BGB als von Anfang an nichtig anzusehen. Es erfolgt eine Rückabwicklung nach den Vorschriften über die ungerechtfertigte Bereicherung (§§ 812 ff BGB). Eine solche Rückabwicklung ist bei einem bereits vollzogenen Arbeitsvertrag schlechterdings nicht möglich. Wie soll etwa der Arbeitgeber die geleisteten Arbeitsstunden zurückgewähren? Möglicherweise ist er gar nicht bereichert, da der Arbeitnehmer nur eingearbeitet wurde. Die Anfechtung eines Arbeitsvertrags gilt daher **erst für die Zukunft** (ex nunc). Der zurückliegende Zeitraum ist als fehlerfreies Arbeitsverhältnis zu betrachten. Der Arbeitsvertrag endet jedoch im Augenblick der Anfechtung.

Zurück zu **Fall 6**: Sollte die A-Bank erfahren, daß sich B mit einem fremdgeschriebenen Lebenslauf beworben hat, kann sie den Arbeitsvertrag wegen arglistiger Täuschung anfechten. Die Anfechtung wäre in diesem Fall auch berechtigt. Die A-Bank hatte in der Anzeige ausdrücklich einen handgeschriebenen Lebenslauf erwünscht. Damit hat sie verdeutlicht, daß sie bei der Einstellungsentscheidung die Handschrift des Lebenslaufs miteinbeziehen will. In dieser Situation einen Lebenslauf, der vom Vater geschrieben wurde, einzureichen, ist als arglistige Täuschung zu bewerten (vgl. BAG, AP Nr. 24 zu § 123 BGB). Die A-Bank kann also durch eine Anfechtung das Arbeitsverhältnis mit sofortiger Wirkung beenden.

Nach der Entdeckung des Anfechtungsgrundes, hier also des nicht selbst geschriebenen Lebenslaufes, muß die Anfechtung innerhalb eines Jahres erfolgen (§ 124 BGB). Die Bankkauffrau B aus unserem Fall braucht allerdings nicht ihr ganzes Berufsleben bei der A-Bank Angst vor der Entdeckung zu haben. Nach mehreren Jahren ungestörten Arbeitsverhältnisses ist eine Anfechtung des Arbeitgebers treuwidrig (§ 242 BGB), also nicht mehr möglich.

Leitsatz 8:
(Anfechtung des Arbeitsvertrags wegen arglistiger Täuschung)

> Die Regelungen der Anfechtung wegen arglistiger Täuschung (§§ 123 f BGB) finden auf den Arbeitsvertrag Anwendung. Die Anfechtung entfaltet beim Arbeitsverhältnis ihre Wirkung jedoch erst für die Zukunft – ex nunc. Es kommt zur Auflösung des Arbeitsvertrags mit dem Augenblick der Erklärung der Anfechtung. Die Anfechtung muß binnen Jahresfrist nach Entdeckung der Täuschung erfolgen (§ 124 BGB). Nach mehreren Jahren ungestörten Arbeitsverhältnisses ist die Anfechtung nicht mehr möglich (§ 242 BGB).

Einstellungsfragebogen und Einstellungsgespräch

In der Praxis entstehen die meisten Probleme bei Täuschungen durch die Falschbeantwortung von Fragen in sog. Einstellungsfragebogen. Sehen wir uns hierzu drei Fälle an:

FALL 7: A bewirbt sich in einem großen Kaufhaus K als Verkäufer. Beim Einstellungsgespräch wird ihm ein sog. Einstellungsfragebogen vorgelegt, der u.a. die Frage nach einer Vorstrafe enthält. A kreuzt „nein" an, obgleich er vor zwei Jahren wegen Diebstahls bestraft wurde. Es kommt zum Abschluß des Arbeitsvertrags. Nach einem 3/4 Jahr erfährt der Personalleiter P von der Vorstrafe. P hält einen wegen Diebstahls vorbestraften Mitarbeiter für unhaltbar und ficht den Arbeitsvertrag für das Kaufhaus an.

FALL 8: Die CDU-Hamburg sucht eine neue Sekretärin. B, die zur Vorstellung geladen wurde, ist seit Jahren nichtaktives Mitglied in der SPD. Im Vorstellungsfragebogen kreuzt sie allerdings „keine Parteimitgliedschaft" an. Nach wenigen Monaten erfährt der Vorsitzende der CDU Hamburg von der SPD-Mitgliedschaft der B. Er will den Arbeitsvertrag anfechten.

FALL 9: C bewirbt sich als Kellnerin in einem Restaurant. Im Vorstellungsfragebogen steht die Frage „Planen Sie in nächster Zeit zu heiraten?". C ist verlobt und möchte heiraten, sie glaubt jedoch, dies ginge den Chef nichts an und schreibt „nein". Sie erhält die Stelle. Nach drei Monaten heiratet sie dann ihren Verlobten. Der Chef will anfechten, weil er seit langem die Ansicht vertritt, daß verheiratete Frauen weniger Einsatz zeigen.
Bei Einstellungsgesprächen kommt es oft vor, daß den Bewerbern sog. Einstellungsfragebogen vorgelegt werden. Die Fragebogen sind z.T. sehr direkt und fragen nach Dingen, die niemanden etwas angehen; auch den Arbeitgeber nicht. Es ist vorgekommen, daß in den Fragebogen nach Gewohnheiten aus dem Intimbereich (z.B. Nehmen Sie die Anti-Baby-Pille?, Täumen Sie oft von sexuellen Dingen?), nach der Intensität der Religionsausübung (Fühlen Sie sich als besonderer Sendebote Gottes?) oder nach der Parteizugehörigkeit bei den „Grünen" gefragt wurde. Derartige Fragen sind jedoch mit dem Grundgesetz nicht zu vereinbaren. Sie verletzen die Menschenwürde (Art. 1 GG) und das Persönlichkeitsrecht (Art. 2 GG) der Bewerber.
Andererseits hat der Arbeitgeber ein berechtigtes Interesse, seinen angehenden Arbeitnehmer kennenzulernen. Er benötigt Informationen, um beurteilen zu können, ob sich der Bewerber für den Arbeitsplatz eignet oder nicht. Von Bedeutung sind jedoch nur jene Informationen, die mit dem Arbeitsverhältnis in konkreter Beziehung stehen. Nur nach diesen darf der Arbeitgeber fragen. Unzulässig hingegen sind jene Fragen, die auf den rein persönlichen Bereich des Bewerbers zielen.
Unzulässige Fragen braucht der Bewerber nicht zu beantworten! Es liegt jedoch auf der Hand, daß dies nicht die Lösung des Problems ist, denn der Bewerber muß bei der Verweigerung von Antworten damit rechnen, nicht eingestellt zu werden. Der Bewerber ist daher berechtigt, auf unzulässige Fragen folgenlos falsch zu antworten!

Der Arbeitgeber kann redlicherweise nicht erwarten, daß ihm eine Frage, die in die Grundrechte des Befragten eingreift, richtig beantwortet wird. Er hat keinen Anspruch auf eine entsprechende Antwort. Der Bewerber, der in einem solchen Fall lügt, täuscht daher den Arbeitgeber nicht arglistig im Sinn von § 123 BGB. Eine falsche Antwort stellt also nur dann eine arglistige Täuschung dar, wenn die Frage zulässig war.

Bisher wurde nur auf Einstellungsfragebogen abgestellt. Die Feststellungen über erlaubte und unzulässige Bewerbungsfragen beziehen sich natürlich auch auf Aussagen in Bewerbungsgesprächen.

Leitsatz 9:

(Zulässigkeit von Einstellungsfragen)

In Einstellungsfragebogen und -gesprächen sind Fragen unzulässig, die in die vom Grundgesetz geschützte Menschenwürde (Art. 1 GG) oder das Persönlichkeitsrecht (Art. 2 GG) des Bewerbers eingreifen. Der Arbeitgeber hat keinen Anspruch auf entsprechende Antworten. Deshalb täuscht die falsche Beantwortung solcher Fragen ihn nicht arglistig. Er kann nicht gem. § 123 BGB anfechten.

Kommen wir zurück zu den Fällen 7, 8 und 9. Prüfen wir den leichtesten Fall zuerst:

Die Kellnerin C aus **Fall 9** wurde gefragt, ob sie eine Heirat plane. Diese Frage hat nichts mit der angestrebten Stellung zu tun. Es kommt nicht darauf an, daß der Arbeitgeber der Ansicht war, verheiratete Frauen zeigten weniger Einsatz. Seine persönliche Meinung ist unerheblich. Der Ehestand ist eine rein persönliche Angelegenheit. Die Falschbeantwortung der Frage nach einer bevorstehenden Hochzeit ist also kein Grund zur Anfechtung. Die Kellnerin braucht keine Befürchtungen zu haben.

Zu **Fall 8**: Auf eine Stelle bei der CDU hatte sich das SPD-Mitglied B gemeldet. Normalerweise hat es einen Arbeitnehmer nicht zu interessieren, ob und ggf. welcher Partei der Bewerber angehört. In der Regel darf also jeder Bewerber auf die Frage lügen. Fall 8 weist jedoch eine Besonderheit auf: Es geht um die Arbeitsstelle bei einer politischen Partei. Eine politische Partei ist ein sog. Tendenzunternehmen, welches sehr wohl Interesse daran haben darf, welcher Partei seine Arbeitnehmer angehören. Sie sollen sich für die Sache der Partei einsetzen, und ob dies Mitglieder von anderen Parteien so können oder wollen, daran besteht zu Recht Zweifel. Deshalb darf die Parteizugehörigkeit gegenüber einer Partei als Arbeitgeber nicht verschwiegen werden. Dies gilt in der Regel entsprechend für Arbeitsverhältnisse bei anderen Tendenzunternehmen, wie die Konfessionszugehörigkeit bei Religionsgemeinschaften oder die Gewerkschaftszugehörigkeit bei Gewerkschaften.

Die Sekretärin B darf daher keinesfalls behaupten, sie sei parteilos. Der auf dieser Grundlage geschlossene Arbeitsvertrag ist also anfechtbar. Nun zu dem vorbestraften Verkäufer A aus **Fall 7**! Vorstrafen brauchen, genau wie die Parteimitgliedschaft, in der Regel nicht angegeben zu werden. Anders ist dies jedoch, wenn die Vorstrafe ihrer Art nach geeignet ist, die Eignung für den angestrebten Beruf in Frage zu stellen. Dies sind etwa eine Vorstrafe wegen Sittlichkeitsverbrechen bei Ausbildern oder auch Diebstahl sowie Betrug bei Verkäufern. A hätte also seine Vorstrafe wegen Diebstahls angeben müssen. Durch die Anfechtung wird daher das Arbeitsverhältnis mit sofortiger Wirkung beendet.

Anders müßten wir den Fall beurteilen, wenn A wegen Vergewaltigung vorbestraft wäre. Dies hätte er, weil die Straftat die Eignung für diese Position nicht beeinträchtigt, verschweigen dürfen. Darüber hinaus dürfen alle Vorstrafen, die gem. § 15 Bundeszentralregistergesetz (BZRG) nicht offenbart zu werden brauchen, verheimlicht werden. Dieser Fall tritt gem. § 34 BZRG spätestens nach fünf Jahren ein. Wäre die Vorstrafe von A also entsprechend alt gewesen, so hätte er sie ohne rechtliche Konsequenzen verschweigen dürfen.

Die Frage nach den **Vermögensverhältnissen**, insbesondere die nach Schulden, muß nur von jenen Bewerbern richtig beantwortet werden, die eine Stellung anstreben, die finanzielle Unabhängigkeit voraussetzt. Zu denken ist etwa an Positionen als Bankangestellter, Richter oder Buchhalter.

Die Frage nach der bisherigen **Gehaltshöhe** ist erlaubt, wenn sie Grundlage der Verhandlungen zum Abschluß des Arbeitsverhältnisses ist. Zu denken ist an die Vereinbarung der Parteien, dem Arbeitnehmer 500,– DM mehr als bei seinem alten Arbeitgeber zu zahlen.

Häufig werden Frauen in Vorstellungsgesprächen nach einer **Schwangerschaft** gefragt. Diese Frage ist heute wegen der Geschlechtsdiskriminierung unzulässig (§ 611 a BGB). Der Europäische Gerichtshof hat entschieden, daß eine Schwangerschaft kein Grund für die Nichteinstellung sein darf (EuGH, NJW 91, 628). Lediglich in jenen Ausnahmefällen, in denen die Schwangerschaft die Berufsausübung direkt beeinträchtigt (Model, Mannequin), ist die Frage doch erlaubt.

Übersicht 3:

Zulässigkeit der Fragen bei Vorstellungen

Erlaubt sind

alle Fragen, die in einer konkreten Beziehung mit dem angestrebten Arbeitsverhältnis stehen. Dies sind insbesondere der berufliche Werdegang (Prüfungsnoten) und die allgemeinen persönlichen Verhältnisse (Alter).

Unzulässig sind

alle Fragen, die auf den rein persönlichen Bereich des Bewerbers abzielen. Dies sind insbesondere Fragen über private Gewohnheiten, Bindungen oder Pläne (Anti-Baby-Pille, geplante Heirat).

Problemfragen

Gewisse Fragen sind zwar in der Regel unzulässig, in bestimmten Einzelfällen jedoch erlaubt. Es sind insbesondere die Fragen nach:

Gewerkschafts-, Religions- oder Parteizugehörigkeit:
: nur erlaubt in Betrieben mit der entsprechenden Tendenz (Parteizugehörigkeit bei einer Partei)

Vermögensverhältnisse (Schulden):
: nur erlaubt, wenn der Bewerber einen Beruf anstrebt, bei dem finanzielle Unabhängigkeit Voraussetzung ist (Bankkaufmann, Richter, Buchhalter).

Vorstrafen:
: nur erlaubt, wenn sie ihrer Art nach geeignet sind, die Eignung für den angestrebten Beruf in Frage zu stellen (Sittlichkeitsverbrechen bei Ausbildern, Diebstahl bei Verkäufer(innen)). Vorstrafen, die gem. § 15 Bundeszentralregistergesetz (BZRG) nicht offenbart zu werden brauchen, dürfen in jedem Fall verheimlicht werden.

Gehaltshöhe (bisherige):
: nur erlaubt, wenn sie Grundlage der Verhandlungen zum Abschluß des Arbeitsverhältnisses war (Arbeitnehmer erhält 500,– DM mehr als bisher)

Anfechtung wegen Drohung oder Irrtums

Neben der Anfechtung wegen arglistiger Täuschung gibt es zwei weitere Anfechtungsgründe: Drohung und Irrtum. Ihre praktische Bedeutung ist allerdings geringer.

Die **Anfechtung wegen widerrechtlicher Drohung** wird in § 123 BGB geregelt. Drohung ist das Inaussichtstellen eines künftigen Übels, wodurch der Bedrohte in eine Zwangslage versetzt wird. Sie beschäftigt die Praxis nicht, da es sehr unwahrscheinlich ist, daß ein Arbeitsvertrag unter Drohung abgeschlossen wird. Die Anfechtung wegen widerrechtlicher Drohung ist rechtlich wie die wegen arglistiger Täuschung zu behandeln. Auch sie muß binnen Jahresfrist erfolgen.

Die **Anfechtung wegen Irrtums** gem. § 119 BGB ist möglich, wenn sich der Arbeitgeber über eine verkehrswesentliche, also eine für die Abwicklung des Arbeitsverhältnisses erhebliche, Eigenschaft des Arbeitnehmers geirrt hat. Aus dem Begriff „Irren" geht hervor, daß der Arbeitgeber zunächst etwas angenommen hat, was sich dann später als falsch herausstellt. Es handelt sich zum einen um jene Eigenschaften, von denen der Arbeitgeber beim Abschluß des Arbeitsverhältnisses stillschweigend ausgehen kann. Dies sind z.B. Alter oder Geschlecht des Arbeitnehmers. Es sind jedoch andererseits auch solche Eigenschaften, von denen der Arbeitnehmer aus Treu und Glauben schon bei Vertragsanbahnung zur Offenlegung verpflichtet ist (siehe Lektion 4), sie jedoch nicht angegeben hat (Rheuma in den Händen bei einer Sekretärin oder Katzenallergie bei einer Tierarzthelferin).

Stellt sich nun heraus, daß sich der Arbeitgeber über eine solche Eigenschaft geirrt hat, so kann er den Arbeitsvertrag gem. § 119 BGB anfechten. Damit wird der Vertrag, wie bei der Anfechtung wegen arglistiger Täuschung, mit Wirkung für die Zukunft (ex nunc) beendet.

Die Anfechtung muß gem. § 121 BGB unverzüglich erfolgen. Vom BAG (AP 4 zu § 119 BGB) wurde entschieden, daß eine Anfechtung gem. § 119 BGB nur dann unverzüglich ist, wenn sie innerhalb der Zweiwochenfrist des § 626 Abs. 2 BGB erfolgt.

Leitsatz 10:
(Anfechtung wegen Irrtums)

Irrt sich der Arbeitgeber beim Abschluß des Arbeitsvertrags über eine verkehrswesentliche Eigenschaft des Arbeitnehmers, so kann er gem. § 119 BGB anfechten. Wesentliche Eigenschaften sind insbesondere jene Eigenschaften, zu deren Angabe der Arbeitnehmer bei

Vertragsschluß aus Treu und Glauben verpflichtet war (leistungshindernde Krankheiten etc). Die Anfechtung führt zur Aufhebung des Arbeitsvertrags mit Wirkung für die Zukunft. Sie muß gem. § 121 BGB unverzüglich, in diesem Fall innerhalb der Zweiwochenfrist des § 626 Abs. 2 BGB, erfolgen.

Zum Schluß der Anfechtungsproblematik noch der Hinweis, daß auch der Arbeitnehmer unter den genannten Bedingungen (mit umgekehrten Vorzeichen) anfechten und sich vom Arbeitsvertrag lösen kann. Doch dies sind äußerst seltene Fälle.

Nichtigkeit

FALL 10: A, wegen Geisteskrankheit entmündigt, entschließt sich, eigenes Geld zu verdienen. Der Leiter eines Supermarkts, der gerade Packer sucht, schließt mit ihm einen normalen Arbeitsvertrag. A beginnt sofort zu arbeiten. Sehen Sie ein Problem?

Wer wegen Geisteskrankheit entmündigt wurde, ist geschäftsunfähig mit der Folge, daß die Willenserklärungen nichtig sind (§§ 104 f BGB). Damit ist auch der komplette Arbeitsvertrag nichtig. Welche Folgen sehen Sie?

Die Problematik ist vergleichbar mit jener, die wir schon bei der Anfechtung kennengelernt haben: Grundsätzlich kann aus einem nichtigen Arbeitsvertrag niemand Ansprüche herleiten. Es müßte also eine Rückabwicklung über die Regelungen der ungerechtfertigten Bereicherung (§§ 812 ff BGB) erfolgen. Dies wird der Sache jedoch nicht gerecht, da sich Arbeit bekanntlich schlecht rückabwickeln läßt. Die Lösung erfolgt hier über die Rechtsfigur des faktischen Arbeitsverhältnisses. Ein fehlerhaftes Arbeitsverhältnis, das bereits vollzogen wurde und von dem mindestens einer der Partner ausging, daß es gültig sei, stellt ein faktisches Arbeitsverhältnis dar. Ein solches faktisches Arbeitsverhältnis wird wie ein reguläres Arbeitsverhältnis behandelt. Der Arbeitnehmer hat deshalb alle regulären Ansprüche, insbesondere auch Anspruch auf Lohn. Das faktische Arbeitsverhältnis besitzt jedoch keine Bindungswirkung für die Zukunft. Es kann daher von jeder Seite durch einfache Erklärung beendet werden.

Leitsatz 11:

(Nichtigkeit des Arbeitsverhältnisses)

Die Nichtigkeit des bereits vollzogenen Arbeitsverhältnisses, von dem mindestens ein Partner glaubte, es sei wirksam, führt zur Annahme eines faktischen Arbeitsverhältnisses. Es wird rückwirkend wie ein reguläres Arbeitsverhältnis behandelt, dabei bleiben insbesondere die Rechte des Arbeitnehmers (Lohn, Urlaub) erhalten. Die Beendigung ist jedoch jederzeit durch einseitige Erklärung möglich.

Kommen wir zurück zu **Fall 10**: Der Arbeitsvertrag zwischen A und dem Supermarkt ist also nichtig, da A als Geisteskranker nicht geschäftsfähig ist. Wie oben ausgeführt, ist in solchen Fällen ein faktisches Arbeitsverhältnis anzunehmen. Dies hat zum einen die Folge, daß es sowohl von A als auch von seiten des Supermarkts jederzeit beendet werden kann. Allerdings erhält der geisteskranke A in jedem Fall seinen Lohn und die weiteren Ansprüche für die bis zur Beendigung geleistete Arbeit.
Im Beispielsfall 10 folgte die Nichtigkeit aufgrund der Geschäftsunfähigkeit bei Vertragsschluß (§ 105 BGB). Dies ist keinesfalls der einzig mögliche Nichtigkeitsgrund. Weitere Gründe sind etwa die Nichtigkeit gem. § 138 BGB wegen Sittenwidrigkeit (z.B. Schmuggel als Arbeitsaufgabe) oder gem. § 134 BGB wegen Verstoßes gegen gesetzliche Verbote (z.B. Kinderarbeit (§ 5 JArbSchG)).
Es ist nun auch möglich, daß die Nichtigkeit auf weniger krassen Tatsachen aufbaut, etwa auf einen Formfehler. Wenn in solchen Fällen das Arbeitsverhältnis über längere Zeit ungestört andauert, so verstößt das Berufen auf die Nichtigkeit gegen Treu und Glauben (§ 242 BGB). Es ist also unzulässig.

Teilnichtigkeit

Nicht immer ist gleich der gesamte Arbeitsvertrag nichtig. Es kommt vor, daß nur einzelne Klauseln nichtig sind, etwa weil sie zwingende Arbeitnehmerrechte (Mutterschutzrechte, Urlaubsanspruch etc.) ausschließen.
Hier stellt sich die Frage, ob möglicherweise der gesamte Arbeitsvertrag gem. § 139 BGB nichtig ist. Wenn Sie nun § 139 BGB lesen (und das sollten Sie tun), so stellen Sie fest, daß dort darauf abgestellt wird, ob der Vertrag auch ohne den nichtigen Teil vorgenommen worden wäre. Ansonsten wäre der gesamte Vertrag nichtig.
Stellen wir uns das einmal vor: Ein Arbeitnehmer schließt einen Vertrag mit einer nichtigen Klausel, etwa weil sein Urlaubsrecht ausgeschlossen wurde. Und nun soll aufgrund dieser für ihn ungünstigen Klausel, evtl. im Hinblick auf § 139 BGB der gesamte Vertrag nichtig sein (Der Arbeitgeber könnte also durch einseitige Erklärung das Arbeitsverhältnis beenden). Das kann doch nicht richtig sein! Der Arbeitnehmer wäre ja doppelt „angeschmiert". Die Gesamtnichtigkeit würde den Arbeitnehmerschutz ins Ge-

genteil verkehren! Aus diesem Grund wird § 139 BGB in solchen Fällen nicht angewandt.

Aus der Nichtigkeit einer Klausel des Arbeitsvertrags folgt also, wenn dadurch der Arbeitnehmerschutz ins Gegenteil verkehrt würde, auch entgegen des Wortlauts des § 139 BGB, nicht die Nichtigkeit des gesamten Vertrags, sondern die Anpassung des nichtigen Teils. An die Stelle des nichtigen Teils tritt die gesetzliche oder tarifliche Regelung. Oder kurz: Für den Arbeitnehmer ungünstige nichtige Klauseln werden durch die regulären Klauseln ersetzt.

Leitsatz 12:

(Teilnichtigkeit)

Ist nur ein Teil, eine Klausel des Arbeitsvertrags nichtig (z.B. Verstoß gegen zwingende Arbeitnehmerschutzgesetze), so findet § 139 BGB (Teilnichtigkeit führt zur Gesamtnichtigkeit) keine Anwendung, wenn dies zur Verkehrung des Arbeitnehmerschutzes ins Gegenteil führen würde. An die Stelle des nichtigen Teils tritt die gesetzliche oder tarifliche Regelung.

Übersicht 4:

Mängel des Arbeitsvertrags

	Rechtsfolge	Frist	Anmerkung
Anfechtung wg. arglistiger Täuschung (§ 123 BGB)	Beendet das Arbeitsverhältnis mit Wirkung für die Zukunft (ex nunc)	1 Jahr nach Entdeckung (§ 124 BGB)	Hauptfall: Falsche Beantwortung von Einstellungsfragebogen
Anfechtung wg. Drohung (§ 123 BGB)	Beendet das Arbeitsverhältnis mit Wirkung für die Zukunft (ex nunc)	1 Jahr nach Entdeckung (§ 124 BGB)	Beschäftigt die Praxis nicht
Anfechtung wg. Irrtums (§ 119 BGB)	Beendet das Arbeitsverhältnis mit Wirkung für die Zukunft (ex nunc)	unverzüglich, in diesem Fall innerhalb von 2 Wochen nach Entdeckung (§§ 121, 626 Abs.2 BGB)	Irrtum über verkehrswesentliche Eigenschaften, von denen bei Vertragsabschluß stillschweigend ausgegangen werden konnte

	Rechtsfolge	Frist	Anmerkung
Nichtigkeit	Annahme eines faktischen Arbeitsverhältnisses (Beendigung durch einseitige Erklärung, rückwirkend regulär zu behandeln)	Keine Frist	Nichtigkeit nach BGB (§§ 105,134,138I etc.)
Teilnichtigkeit	§ 139 BGB findet keine Anwendung, wenn Verlust des Arbeitnehmerschutz; gesetzliche oder tarifliche Regelung gilt	Keine Frist	Betrifft Arbeitsverträge mit Ausschluß zwingender Arbeitnehmerrechte (Mutterschutz etc.)

Wird der Arbeitsvertrag über eine längere Zeit ungestört erfüllt, so kann die Anfechtung oder das Berufen auf die Nichtigkeit im Einzelfall treuwidrig (§ 242 BGB), mithin unzulässig sein.

6. Lektion: Rechte und Pflichten im Arbeitsverhältnis

Wie in jedem gegenseitigen Vertrag stehen auch die Parteien des Arbeitsvertrags in einem Austauschverhältnis von Rechten und Pflichten. Dabei sind – wie überall – die Rechte des einen gleichzeitig die Pflichten des anderen.

Pflichten des Arbeitnehmers

Arbeitspflicht

Die grundlegende Regelung der Arbeitspflicht findet sich in § 611 Abs. 1 BGB. Demnach ist der Arbeitnehmer zur Leistung der versprochenen Dienste verpflichtet. Sein „Versprechen" hat er im Arbeitsvertrag abgegeben. Dieser regelt den Umfang und die Ausformung der Arbeitspflicht. Dabei steckt der Arbeitsvertrag nur den Rahmen ab, der durch die Umstände des Arbeitsverhältnisses und die Anweisungen des Arbeitgebers konkretisiert wird.

Der Arbeitsvertrag wiederum findet seine Grenzen in den Arbeitsschutzbestimmungen und den Regelungen der Tarifverträge und Betriebsvereinbarungen.

FALL 11: A arbeitet seit kurzem als Verkäuferin in einem Damenmodengeschäft. Als sie über ein langes Wochenende nach Paris fährt, schickt sie am Montag ihre Schwester. Die Schwester soll an ihrer Stelle im Geschäft verkaufen. Die Schwester ist gleichermaßen geeignet für die Stelle. Die Leitung des Modegeschäfts ist jedoch damit gar nicht einverstanden und verweigert der Schwester die Arbeitsaufnahme. Rechtslage?
Die Lösung dürfte Ihnen nicht schwer fallen. Kennengelernt haben wir gerade § 611 BGB. Lesen Sie die weiteren Bestimmungen!
Die Lösung steht in § 613 BGB. Die Dienste sind im Zweifel **in der Person** zu leisten. Die Schwestern dürfen sich also den Job nicht einfach teilen. Dies gilt auch für den sehr beliebten Schichttausch, also wenn zwei Arbeiter die Schichten wechseln (z.B. Früh- gegen Spätschicht, Wochenenddiensttausch). Dies ist im Zweifel verboten. Der Ausdruck „im Zweifel" bedeutet, daß die Parteien des Arbeitsvertrags etwas anderes festlegen können. Der Arbeitgeber kann etwa dem Schichtwechsel zustimmen.
Diese Pflicht zur höchstpersönlichen Arbeitsleistung hat auch eine positive Seite für den Arbeitnehmer: Wenn er verhindert ist, etwa durch Krankheit oder durch eine gerichtliche Ladung, so ist er nicht verpflichtet, einen Ersatzmann zu stellen.

FALL 12: B ist seit Jahren als Buchhalter in einer Staubsaugerfabrik angestellt. Inzwischen ist er kaum beschäftigt, da ihm die EDV einen großen Teil der Arbeit abnimmt. Die Werksleitung will ihn deshalb halbtags am Montageband beschäftigen. Kann der Buchhalter sich weigern?
Strittig ist hier die Art der Arbeitsleistung, die der Buchhalter erbringen muß. Entscheidend ist in solchen Fällen die Frage, welche Arbeitsleistung mit dem Arbeitnehmer vereinbart wurde.
Aus dem Arbeitsvertrag ergibt sich, daß B als Buchhalter eingestellt ist – mehr nicht. Dies muß also ausgelegt werden. Da die Auslegungsregel auf alle Arten von Arbeitsplätzen passen muß, ist sie sehr allgemein: Der Arbeitsvertrag ist nach Treu und Glauben, nach der Verkehrssitte und nach der Betriebsübung auszulegen.
Treu und Glauben und die Verkehrssitte zwingen den B nicht an das Montageband. Derartige handwerkliche Arbeiten sind ihm nach Treu und Glauben nicht zuzumuten. Es besteht auch keine Verkehrssitte, wonach Buch-

halter am Montageband arbeiten müssen. Zu prüfen wäre noch, ob in der Staubsaugerfabrik eine Betriebsübung existiert, wonach die Buchhalter alle seit jeher auch am Montageband arbeiteten. So etwas besteht nicht, jedenfalls steht davon nichts im Sachverhalt. Der Buchhalter ist daher nicht gezwungen, am Band zu arbeiten.

Derartige handwerkliche Arbeiten braucht ein Buchhalter also in aller Regel nicht zu leisten. Anders ist dies jedoch in Notfällen. Bei Ausnahmesituationen ist die Arbeitspflicht sehr weit auszulegen. So muß der Buchalter sehr wohl nach einem Wasserrohrbruch Rettungsmaßnahmen ergreifen. Er muß ggf. den Haupthahn zudrehen, den Inhalt des Lagers, Werkzeuge oder Unterlagen vor der Zerstörung retten und mit geeigneten Maßnahmen weiteren Wasserschaden verhindern.

Im **Fall 12** war die Art der Arbeitsleistung strittig. Oft gibt es auch Streit über **Ort und Zeit der Arbeitsleistung**. Etwa wenn der Arbeitnehmer in einem anderen Betriebsteil oder zu anderen Arbeitszeiten arbeiten soll. Auch diese Probleme sind in gleicher Weise, wie die Festlegung der Art der Arbeitsleistung, durch Auslegung des Arbeitsvertrags zu lösen. So ist z.B. eine Sekretärin regelmäßig nicht zur Nachtarbeit verpflichtet.

Leitsatz 13:

(Arbeitspflicht (gem. § 611 BGB))

Arbeitspflichten sind die vom Arbeitnehmer im Arbeitsvertrag versprochenen Dienste (§ 611 BGB). Sie sind gem. § 613 BGB höchstpersönlich zu leisten (abdingbar).

Art, Zeit und Ort der Arbeitspflicht richten sich nach den Vereinbarungen des Arbeitsvertrags. Sie finden ihre Grenzen in den Arbeitsschutzbestimmungen, den Tarifverträgen und den Betriebsvereinbarungen. Der Arbeitsvertrag gibt in der Regel wenig her, da konkrete Einzelfälle nicht aufgenommen sind. Er ist dann auszulegen. Die Auslegung des Arbeitsvertrags richtet sich nach Treu und Glauben, nach der Verkehrssitte und nach der Betriebsübung.

Treuepflicht

Über die Arbeitspflicht hinaus unterliegt der Arbeitnehmer der Treuepflicht. Sie stellt dem Arbeitnehmer die Aufgabe, die wirtschaftlichen Ziele seines Arbeitgebers zu unterstützen. Er muß sich also für die Interessen seines Arbeitgebers, insbesondere seines Betriebs einsetzen. Die Treuepflicht steigt mit der Verantwortung der Leistungsfunktion. Je höher gestellt der Arbeitnehmer ist (leitender Angestellter) und je länger das Arbeitsverhältnis besteht, desto höher ist die Anforderung. Die Treuepflicht hat zwei Komponenten, die Unterlassungspflichten und die Verhaltenspflichten.

An erster Stelle bei den **Unterlassungspflichten** steht die Verschwiegenheitspflicht. Der Arbeitnehmer muß die Betriebs- und Geschäftsgeheimnisse hüten. Er darf also mit Dritten weder über Vorgänge, die die Konkurrenz seines Arbeitgebers interessieren, noch über negative Entwicklungen, die geeignet sind, den Ruf des Arbeitgebers zu schädigen, sprechen. Ihm ist es weiterhin verboten, Schmiergelder zu nehmen. Auch darf er keinen direkten Wettbewerb gegen den Arbeitgeber treiben.

Zum Teil ergeben sich die Unterlassungspflichten schon aus dem Gesetz. Hier sind die §§ 60, 61 HGB zu nennen, sie regeln das Konkurrenzverbot für kaufmännische Angestellte, sowie die §§ 12, 17 UWG, die das Schmiergeldverbot bzw. die Verschwiegenheitspflicht festlegen.

Unter **Verhaltenspflichten** versteht man insbesondere Mitteilungs- und Anzeigepflichten. Der Arbeitnehmer muß daher Unregelmäßigkeiten im Betriebsablauf, insbesondere drohende Schädigungen, wie defekte Maschinen oder Betrügereien, melden.

Für Arbeitnehmer, die mit Kunden in Kontakt kommen, besteht zudem eine **Repräsentationspflicht**. Sie sind verpflichtet, ihre Umgangsformen und Kleidung entsprechend zu halten. Ein Bankangestellter wird also Schwierigkeiten bekommen, wenn er in Lederjacke und Jeans oder mit schmutzigen Fingernägeln zur Bank kommt.

Leitsatz 14:

(Treuepflicht)

Der Arbeitnehmer ist seinem Arbeitgeber zur Treue verpflichtet. Er hat alles zu unterlassen, was die Interessen des Arbeitgebers beeinträchtigt. Insbesondere ist er zur Verschwiegenheit verpflichtet, darf kein Schmiergeld nehmen und keinen direkten Wettbewerb zum Arbeitgeber treiben. Zudem ist er verpflichtet, Unregelmäßigkeiten im Betriebsablauf, insbesondere drohende Schädigungen, wie defekte Maschinen oder Betrügereien, zu melden.

Haftung des Arbeitnehmers

Die Arbeitnehmerhaftung betrifft jene Fälle, in denen der Arbeitnehmer seinen Arbeitgeber schuldhaft schädigt. Wenn also der Arbeitnehmer fahrlässig oder vorsätzlich etwas kaputt macht, zerstört oder auf andere Weise Schaden anrichtet. Die Haftung des Arbeitnehmers wird nicht den direkten Arbeitsvertragspflichten zugeordnet. Sie begründet sich vielmehr aus der allgemeinen Vertragspflicht, seinen Vertragspartner bei der Erfüllung seines Vertrags nicht zu schädigen.

FALL 13: Eine Schreibkraft trinkt im zentralen Kopierraum beim Kopieren Kaffee. Sie wird von hinten angesprochen, wodurch sie erschrickt und ihre Kaffeetasse umstößt. Der Kaffee läuft in das Gehäuse eines Kopierers und zerstört die Elektronik.

FALL 14: Ein Gabelstaplerfahrer fährt mit einer sperrigen Kiste durch ein enges Lager mit Maschinenteilen. Dabei berührt er ein großes Regal, welches umfällt. Sämtliche im Regal gelagerten Waren werden durch den Fall beschädigt.

Grundsätzlich haftet der Arbeitnehmer, wie jeder andere, für den Schaden, den er seinem Vertragspartner bei Erfüllung des Vertrags schuldhaft zufügt. In dieser Hinsicht besteht kein Unterschied zwischen dem Arbeits- und dem Kaufvertrag. Die Haftung erfolgt nach den Grundsätzen über die **positive Vertragsverletzung** (PVV), richtiger positive Forderungsverletzung (PFV) genannt. PFV ist eine im Zivilrecht sehr bedeutende Regelung, die sich aus den Grundsätzen von Treu und Glauben (§ 242 BGB) herleitet. Außer aus PFV haftet der Arbeitnehmer bei Eigentumsverletzung gleichzeitig nach § 823 Abs. 1 BGB. Bitte verschaffen Sie sich einen Überblick über PVV und § 823 Abs. 1 BGB in einem BGB-Lehrbuch! (z.B. Nawratil, BGB-leicht gemacht, Lektion 6)

Generell haftet der Arbeitnehmer in voller Höhe für den von ihm angerichteten Schaden. Dies gilt allerdings nur, wenn der Arbeitnehmer eine **reguläre, gefahrlose Arbeit** verrichtet.

Anders ist es jedoch, wenn der Arbeitnehmer eine sog. **gefahrgeneigte Arbeit** ausübt. Für diesen Fall hat die Rechtsprechung Haftungsbegrenzungen anerkannt. Es schien nicht gerechtfertigt, einen Arbeitnehmer, der durch ein geringes Versehen großen Schaden verursachen kann, auf die volle Summe haften zu lassen.

Gefahrgeneigte Arbeit ist solche, deren Art es bedingt, daß dem Arbeitnehmer mit großer Wahrscheinlichkeit Fehler unterlaufen werden, die zwar einzeln betrachtet vermeidbar wären, mit denen aber, im Hinblick auf die menschliche Unzulänglichkeit, mit statistischer Wahrscheinlichkeit zu rechnen ist. Anders gesagt, es ist menschlich, daß dem, der tagein-tagaus einen

Dienstwagen fährt, früher oder später ein kleinerer oder größerer Unfall passiert. Seine Arbeit ist deshalb gefahrgeneigt. Zu den Personen, die gefahrgeneigte Arbeit verrichten, gehören etwa alle Arten von Kraftfahrern (PKW, LKW), Kranführer, Maschinenmeister, Lok- oder Straßenbahnführer oder auch Arbeitnehmer mit eilig zu fassenden weitreichenden Entschlüssen. Für diese Arbeitnehmer hat die Rechtsprechung ein System von Haftungsbefreiungen entwickelt. Es basiert auf einer Unterteilung des Grads des Verschuldens. Es werden drei Kategorien gebildet:

Ist das Verschulden als **leichte Fahrlässigkeit** einzustufen, so haftet der Arbeitnehmer gar nicht. Der Arbeitgeber muß den Schaden voll tragen.

Bei **mittlerer Fahrlässigkeit** des Arbeitnehmers müssen sich Arbeitnehmer und Arbeitgeber den Schaden teilen. Der Anteil des Arbeitnehmers richtet sich dabei nach den Umständen des Einzelfalls.

Liegt jedoch **grobe Fahrlässigkeit** oder sogar **Vorsatz** vor, so wird der Arbeitnehmer nicht entlastet und haftet in der Regel für den vollen Schaden.

Kommen wir nun zu den **Fällen 13** und **14**. Es stellt sich uns die Frage, wer von den Arbeitnehmern gefahrgeneigte Arbeit leistet und wer nicht?

Staplerfahrer sind, vergleichbar mit LKW-Fahrern, dauernd dem Risiko eines Unfalls mit höherem Schaden ausgesetzt. Sie haben Umgang mit einem Gerät, von dem eine gewisse Betriebsgefahr ausgeht, und bewegen in der Regel viele Waren. Hierdurch ist ein Schadensereignis durchaus nicht als abwegig zu bezeichnen. Ihre Arbeit ist daher als gefahrgeneigte zu qualifizieren. Anders ist dies bei der Schreibkraft. Sie steht nicht in einem solchen Risiko.

Dies führt zu der Konsequenz, daß die Schreibkraft aus **Fall 13** den von ihr angerichteten Schaden am Kopierer selbst tragen muß, da sie als Arbeitnehmer einer nicht gefahrgeneigten Arbeit uneingeschränkt voll haftet.

In **Fall 14** ist nun der Grad des Verschuldens zu prüfen.

Was meinen Sie, welcher Grad der Fahrlässigkeit liegt vor, wenn ein Staplerfahrer im Lager ein Regal anstößt? In der Regel wird mittlere Fahrlässigkeit anzunehmen sein. Wenn genug Platz vorhanden ist, kann man durch vorsichtiges Fahren einen Schaden wohl verhindern. Der Fall 14 lag jedoch anders. Hier war das Lager eng und zudem hatte der Fahrer ein sperriges Gut zu transportieren. Demnach ist nur leichte Fahrlässigkeit festzustellen. Der Gabelstaplerfahrer aus Fall 14 muß also nicht haften, da für ihn die Haftungserleichterungen gelten und diese bei leichter Fahrlässigkeit keine Haftung vorsehen.

Anders wäre es allerdings zu beurteilen, wenn ein Gabelstaplerfahrer stark betrunken und mit deutlich überhöhter Geschwindigkeit im Lager gefahren wäre. Dann hätte er die verkehrsübliche Sorgfalt in besonders groben Maße verletzt. Das Anstoßen an ein Regal wäre als grobe Fahrlässigkeit zu beurteilen. Dies hätte die volle Haftung zur Folge.

Die Rechtslage ändert sich möglicherweise durch ein neu angekündigtes Urteil des großen Senats des BAG. Vielleicht kommt es dazu, daß die Zweiteilung in gefahrgeneigte und nichtgefahrgeneigte Arbeit aufgehoben wird und alle Arbeitnehmer die Haftungsbeschränkungen der gefahrgeneigten Arbeit erhalten. Hier müssen Sie sich aus aktuellen Quellen informieren!

Leitsatz 15:
(Haftung des Arbeitnehmers)

Der Arbeitnehmer haftet für Schäden, die er dem Arbeitgeber bei Erfüllung des (Arbeits-)Vertrags zufügt. Anspruchsgrundlage ist PFV und bei Eigentumsverletzungen § 823 Abs. 1 BGB. Grundsätzlich haftet er voll. Verrichtet der Arbeitnehmer jedoch sog. gefahrgeneigte Arbeit, so ist die Haftung u.U. eingeschränkt. Bei leichter Fahrlässigkeit haftet der Arbeitnehmer nicht, bei mittlerer teilt er sich die Haftung mit dem Arbeitgeber (Quote je nach Einzelfall) und bei grober Fahrlässigkeit bzw. Vorsatz haftet er voll.

Übersicht 5:

Haftung des Arbeitnehmers

reguläre, nicht gefahrgeneigte Arbeit	gefahrgeneigte Arbeit
der Arbeitnehmer haftet voll	leichte Fahrlässigkeit → keine Haftung mittlere Fahrlässigkeit → Haftungsteilung, Quote nach Einzelfall grobe Fahrlässigkeit und Vorsatz → der Arbeitnehmer haftet voll

Pflichten des Arbeitgebers

Lohnzahlungspflicht

Die Hauptpflicht des Arbeitgebers ist die Gewährung der vereinbarten Vergütung (Vgl. § 611 BGB). Bei Arbeitern wird die Vergütung Lohn genannt,

bei Angestellten heißt sie Gehalt. (Es müßte daher eigentlich Lohn- oder Gehaltzahlungspflicht heißen.) Grundsätzlich hat der Arbeitnehmer ein Anrecht auf Barauszahlung, in der Regel wird die Vergütung jedoch auf das Konto überwiesen. Die Höhe basiert in den meisten Fällen nicht auf einer besonderen Vereinbarung im Arbeitsvertrag, sondern auf den Tarifbestimmungen, die auf den Vertrag einwirken.
Bei der Auszahlung muß der Arbeitgeber den auf den Arbeitnehmer entfallenden Sozialversicherungsbeitrag (Rentenversicherung, Krankenversicherung), sowie eine vorab, überschlagsmäßig, berechnete Lohnsteuer **einbehalten** und an die entsprechenden Stellen abführen. Zuviel einbehaltene Lohnsteuer erhält der Arbeitnehmer nach Stellung eines Antrags auf Lohnsteuerjahresausgleich vom zuständigen Finanzamt zurück.
Im **Krankheitsfall** ist der Arbeitgeber für eine Zeit von sechs Wochen zur Lohnfortzahlung verpflichtet (§§ 616 Abs. 2 BGB, 1 LohnfortzG). Danach zahlt in der Regel die Krankenkasse.
Beim Lohn wird unterschieden zwischen **Zeit- und Leistungslohn**. Zeitlohn ist etwa der Stunden- oder Monatslohn, Leistungslohn umfaßt alle Akkord- und Prämiensysteme. An vielen Arbeitsplätzen kommen beide Lohnarten gemeinsam vor, so etwa beim Verkäufer, der einen festen Grundlohn und Verkaufsprovision für jedes verkaufte Stück erhält.
Die Lohnzahlung wird als Lebensgrundlage des Arbeitnehmers vom Rechtssystem besonders geschützt. So ist die Pfändung nur eingeschränkt möglich, und im Fall des Konkurses des Arbeitgebers werden die Lohnansprüche vorrangig behandelt.

Eine spezielle Stellung nehmen die sog. **Gratifikationen** ein. Dazu der folgende
FALL 15: A hat – wie heute üblich – als Weihnachtsgeld ein 13. Monatsgehalt bekommen. In seinem Arbeitsvertrag heißt es, daß das Weihnachtsgeld zurückzuzahlen ist, wenn der Arbeitnehmer vor dem 30.6. des Folgejahres aus dem Arbeitsverhältnis ausscheidet. A kündigt zum 31.5.. Muß er das Weihnachtsgeld zurückzahlen? Was meinen Sie?
Gratifikationen sind Sonderzuwendungen, die der Arbeitgeber aufgrund bestimmter Anlässe zahlt. Sie werden neben der Arbeitsvergütung gewährt. Bekannte Gratifikationen sind das Weihnachtsgeld, Jahresabschlußprämien oder Zahlungen aufgrund von Geschäfts- und Dienstjubiläen. Sie sind keine Schenkungen, sondern Teil des Lohns.
Regelmäßig werden **Rückzahlungsverpflichtungen** in die Arbeitsverträge aufgenommen für den Fall, daß der Arbeitnehmer nur noch kurze Zeit im

Arbeitsverhältnis steht. Sie werden mit der Anreizfunktion der Gratifikationen begründet. Rückzahlungsverpflichtungen sind in vielen Gerichtsentscheidungen für zulässig gehalten worden, wenn die Gratifikation einen Betrag von 200,– DM überschreitet.

Zurück zum **Fall 15**: Es scheint also, als ob A verpflichtet wäre, das Weihnachtsgeld zurückzuzahlen. Dem ist jedoch nicht so! Die Rückzahlungsverpflichtung unterliegt nach der Rechtsprechung **zeitlichen Höchstgrenzen**. Die Zahlung eines Monatsgehalts berechtigt nur zur Bindung bis zum 31.3. des Folgejahres. Erst höhere Weihnachtsgeldzahlungen berechtigen zur längeren Bindung, die sich jedoch höchstens bis zum 30.6. hinziehen darf.

A kann also sein Weihnachtsgeld behalten, da die vereinbarte Rückzahlungsverpflichtung nur bis zum 31.3. wirksam ist und er erst zum 31.5. gekündigt hat.

Fürsorgepflicht

Der Arbeitgeber ist zur fürsorgevollen Behandlung seiner Arbeitnehmer verpflichtet. Treu und Glauben (§ 242 BGB) verpflichten ihn, denn die Arbeitnehmer bringen ihr Leben, ihre Gesundheit und ihr Eigentum in seinen Bereich ein.

Zum Schutz von Leben und Gesundheit des Arbeitnehmers ist der Arbeitgeber insbesondere verpflichtet, Räume, Vorrichtungen u. Gerätschaften so einzurichten und zu unterhalten, daß der Arbeitnehmer gegen Gefahren geschützt ist (§§ 617, 618 BGB). Darüber hinaus sind von ihm die Unfallverhütungs- und Arbeitsschutzvorschriften (UVV) zu beachten. Er hat also auch dafür zu sorgen, daß die Sicherheitsvorkehrungen, wie etwa die Helmtragungspflicht, eingehalten werden.

Gleichbehandlungspflicht

Der Arbeitgeber ist seinen Arbeitnehmern gegenüber zur Gleichbehandlung verpflichtet. Dieser Grundsatz verbietet die willkürliche Schlechterstellung einzelner Arbeitnehmer aus sachfremden Gründen.

Die Gleichbehandlungspflicht wirkt sich vor allem bei Vergütungserhöhungen aus. So dürfen einzelne Arbeitnehmer nicht ausgenommen werden, wenn die Vergütung wegen allgemeiner Teuerung angehoben wird. Dies betrifft die Erhöhung der allgemeinen Vergütung als auch einzelner Gratifikationen. Weihnachtsgratifikationen oder Jahresabschlußprämien müssen demnach unter Berücksichtigung der Gleichbehandlungpflicht ausgezahlt werden. Es ist also keinesfalls zulässig, die Auszubildenden des Betriebs je nach Sympathie oder deren Bemühen zu unterteilen und ihnen entsprechend entweder 50, 100, oder 150 DM Jahresabschlußprämie zu zahlen.

Pflicht zur Urlaubsgewährung

Der Arbeitgeber ist weiterhin gem. § 1 Bundesurlaubsgesetz (BUrlG) verpflichtet, seinen Arbeitnehmern einen bezahlten Erholungsurlaub zu gewähren. Der Urlaub muß insgesamt mindestens 18 Werktage pro Jahr umfassen (§ 3 BUrlG). Die z.T. anzutreffende Annahme, eine Halbtagsstelle berechtige auch nur zum halben Urlaub, trifft also keinesfalls zu.
In aller Regel besteht der Urlaubsanspruch allerdings nicht nur auf die 18 Werktage des § 3 BUrlG. In Arbeits- und Tarifverträgen wird oft ein längerer Anspruch festgeschrieben.
Der Anspruch auf Erholungsurlaub entsteht erstmals nachdem das Arbeitsverhältnis einen Bestand von sechs Monaten aufweist (§ 6 BUrlG). Er darf jedoch nur in Absprache mit dem Arbeitgeber genommen werden. Ein Selbstbeurlaubungsrecht besteht also nicht.

FALL 16: Die Sekretärin A fährt für drei Wochen in den Osterurlaub nach Korfu. Ihr stehen insgesamt sechs Wochen Jahresurlaub zu. Auf Korfu wird sie für eine Woche krank, was ihr ein griechischer Arzt bestätigt. Wieviel Wochen Urlaub hat sie noch für den Sommer?
Suchen Sie im Bundesurlaubsgesetz! Die Lösung steht in § 9 BUrlG. Erkrankt ein Arbeitnehmer im Urlaub, so werden die Tage nicht auf den Urlaub angerechnet. A kann also noch vier Wochen Sommerurlaub machen.

Zeugniserteilungspflicht

Bei Beendigung des Arbeitsverhältnisses ist der Arbeitgeber gem. § 630 BGB verpflichtet, dem Arbeitnehmer ein schriftliches Zeugnis auszustellen. Das Zeugnis soll dem Arbeitnehmer als Unterlage für Bewerbungen dienen. Es hat Art und Dauer der Tätigkeit zu enthalten. Auf Wunsch des Arbeitnehmers ist ein qualifiziertes Zeugnis auszustellen, welches zusätzlich Angaben über Leistung und Führung enthält.
Das Zeugnis ist wahrheitsgemäß, aber wohlwollend auszustellen. Ein zu gut ausgestelltes und damit falsches Zeugnis kann allerdings zu Schadensersatz-

ansprüchen gegen den Aussteller führen. Dies ist der Fall, wenn ein Dritter im Vertrauen auf dieses Zeugnis den Arbeitnehmer einstellt und dieser aufgrund fehlender Qualifikation Schaden anrichtet.

Leitsatz 16:
(Pflichten des Arbeitgebers)

Der Arbeitgeber ist in erster Linie verpflichtet, den vereinbarten Lohn zu gewähren (§ 611 BGB). Daneben besteht für den Arbeitgeber die Fürsorgepflicht. Sie verlangt von ihm, für Leben und Gesundheit des Arbeitnehmers Sorge zu tragen. Zudem unterliegt der Arbeitgeber der Pflicht zur Gewährung eines bezahlten Urlaubs (§ 3 BUrlG), zur Gleichbehandlung der Arbeitnehmer und zur Ausstellung eines Zeugnisses bei Beendigung des Arbeitsverhältnisses (§ 630 BGB).

7. Lektion: Ordentliche Kündigung

Die Beendigung des Arbeitsverhältnisses erfolgt in den meisten Fällen durch eine Kündigung des Arbeitgebers oder des Arbeitnehmers. Bei den Kündigungen werden die ordentliche Kündigung gem. §§ 620 Abs. 2 – 625 BGB und die außerordentliche, auch fristlose Kündigung gem. § 626 BGB unterschieden. Daneben kann es auch noch durch andere Beendigungsarten, etwa durch Fristablauf bei einem befristeten Arbeitsverhältnis oder den Tod des Arbeitnehmers, zum Ende des Arbeitsverhältnisses kommen. Diese Lektion beschäftigt sich mit der ordentlichen Kündigung. In den nächsten Lektionen werden die außerordentliche Kündigung und die bedeutsamen weiteren Beendigungsgründe behandelt.

Vorweg noch ein Absatz über die Rechtsform von Kündigungen: Jede Kündigung ist eine einseitige, rechtsgestaltende Willenserklärung. Einseitig bedeutet, daß sie ohne Zustimmung des Empfängers wirksam wird. Rechtsgestaltend heißt, daß es durch sie allein zur Beendigung kommt.

FALL 17: A, 32 Jahre, arbeitet seit 2 1/2 Jahren bei einem Zahnarzt als Artzhelferin. Außer ihr arbeiten dort noch ein Assistenzzahnarzt, eine Praxisleiterin, zwei weitere jüngere, gerade eingestellte Arzthelferinnen, zwei Auszubildende und eine Putzfrau. Die Putzfrau arbeitet nur 3 Stunden am

Tag. Am 2.5. wird A vom Zahnarzt zum 31.6. mit der Begründung gekündigt, die Zahl seiner Patienten gehe zurück und er könne deshalb nur zwei Zahnarzthelferinnen beschäftigen. Ein Betriebsrat besteht nicht. Hat eine Kündigungsschutzklage Erfolg? Verschaffen Sie sich zuerst einen Überblick über die in Frage kommenden Gesetze!

Die erste Frage bei der rechtlichen Überprüfung einer Kündigung ist die, ob der Betriebsrat entsprechend § 102 BetrVG ordnungsgemäß angehört wurde. Dieser Prüfungspunkt erübrigt sich, wenn, wie in diesem Fall, kein Betriebsrat existiert. (Die Betriebsratsanhörung wird an späterer Stelle dieser Lektion erörtert.)

Die ordentliche Kündigung ist mit einer **Kündigungsfrist** auszusprechen. Hat der Zahnarzt die entsprechende Frist eingehalten?

Es gelten unterschiedliche Kündigungsfristen für Angestellte und Arbeiter. Für Angestellte gilt eine Frist von sechs Wochen zum Schluß eines Kalendervierteljahres (§ 622 Abs.1 BGB). Zur Kündigung von Arbeitern hingegen reicht eine Frist von zwei Wochen aus (§ 622 Abs.1 BGB). Die Kündigungsfristen erhöhen sich in Stufen abhängig von der Betriebszugehörigkeit. Sie beginnt jeweils bei einer fünfjährigen Zugehörigkeit. Für Angestellte ergibt sich dies aus § 2 des Gesetzes über die Fristen für die Kündigung von Angestellten. Die Verlängerung der Kündigungsfrist für Arbeiter ergibt sich aus § 622 Abs.2 BGB. Die Ungleichbehandlung von Angestellten und Arbeitern ist vom Bundesverfassungsgericht am 30.5.1990 (NJW 1990, 2246) für nicht verfassungskonform erklärt worden. Der Gesetzgeber ist aufgerufen, bis zum Jahre 1993 eine neue Regelung zu schaffen.

Im **Fall 17** wurde einer Arzthelferin, somit einer Angestellten (Siehe zur Unterscheidung Arbeiter-Angestellter die Lektion 3), gekündigt. Der Zahnarzt hat ihr also fristgerecht sechs Wochen zum Quartalsende gekündigt.

Leitsatz 17:

(Kündigungsfristen)

Für Arbeiter gilt eine Frist von zwei Wochen (gem. § 622 Abs.2 BGB), für Angestellte von sechs Wochen zum Quartalsende (gem. § 622 Abs.1). Die Kündigungsfristen erhöhen sich in Abhängigkeit von der Betriebszugehörigkeit (Arbeiter: § 622 Abs.2; Angestellte: § 2 des Gesetzes über die Fristen für die Kündigung von Angestellten). Die Ungleichbehandlung von Arbeitern und Angestellten ist vom Bundesverfassungsgericht als nicht verfassungskonform deklariert worden. Bis zum 1.1.1993 hat es dem Bundestag Zeit zur Schaffung einer neuen Regelung gegeben.

Die Prüfung einer Kündigung ist damit allerdings noch nicht zu Ende. Des weiteren stellt sich die Frage, ob die **Kündigungsschutzbestimmungen** des Kündigungsschutzgesetzes (KSchG) der Kündigung der Arzthelferin entgegenstehen.

Anwendung findet das **Kündigungsschutzgesetz** auf Arbeitnehmer, die – wie im Beispielsfall – länger als **sechs Monate** in einem Betrieb beschäftigt sind (§ 1 Abs. 1 KSchG).

Weitere Voraussetzung ist, daß im Betrieb in der Regel mehr als **fünf Arbeitnehmer** beschäftigt sind (§ 23 KSchG). Im Fall 17 trifft dies fraglos auf den Assistenzarzt, die Praxisleiterin und die beiden Arzthelferinnen zu. Der Arbeitnehmerin ist damit jedoch noch nicht gedient, da bei dieser Zählung mit ihr zusammen nur fünf Arbeitnehmer beim Arbeitgeber arbeiten. Die Auszubildenen zählen gem. § 23 Abs. 1 KSchG nicht mit. Der Gesetzgeber wollte verhindern, daß Arbeitgeber auf die Ausbildung verzichten, um nicht unter das Kündigungsschutzgesetz zu fallen. Es stellt sich also in Bezug auf den Beispielsfall die Frage, ob die Putzfrau in die Zählung mit einzubeziehen ist. Nicht mitgezählt werden Arbeitnehmer, deren regelmäßige Arbeitszeit wöchentlich 10 Stunden oder monatlich 45 Stunden nicht übersteigt (§ 23 Abs.1 S.3 KSchG). Die Putzfrau mit insgesamt 15 Wochenstunden wird also mitgezählt. Das Kündigungsschutzgesetz ist anzuwenden. Weiterhin ist hervorzuheben, daß nur durch die Erhebung einer Klage der Kündigungsschutz geltend gemacht werden kann. Eine solche **Kündigungsschutzklage ist innerhalb von 3 Wochen** nach Zugang der Kündigung einzureichen (§§ 4,7 KSchG). Erfolgt keine rechtzeitige Klageerhebung, so ist die Klage materiell nicht begründet, da etwaige Mängel bei der Einhaltung des Kündigungsschutzgesetzes geheilt werden.

Leitsatz 18:
  (Voraussetzungen des Kündigungsschutzes des KSchG)
  1. Es müssen mehr als fünf Arbeitnehmer, also mindestens sechs Arbeitnehmer im Betrieb arbeiten (§ 23 Abs.1 KSchG)
  2. Der Arbeitnehmer muß mindestens sechs Monate in demselben Betrieb oder Unternehmen im Dienst gestanden haben (§ 1 Abs. 1 KSchG)
  3. Die Kündigungsschutzklage muß innerhalb von 3 Wochen nach Zugang der Kündigung erhoben werden (§§ 4,7 KSchG)

Im **Beispielsfall 17** wurde also festgestellt, daß das Kündigungsschutzgesetz Anwendung findet. Das heißt natürlich noch nicht, daß die Schutzbestim-

mungen auch zutreffen. Um festzustellen, ob die Kündigung der Arzthelferin rechtens ist, ist dies nun zu prüfen.
Findet auf ein Arbeitsverhältnis das Kündigungsschutzgesetz Anwendung, so ist eine ordentliche Kündigung nur dann unwirksam, wenn sie **sozial ungerechtfertigt** ist (§ 1 Abs.1 KSchG). Es stellt sich also die Frage, in welchen Fällen ist eine Kündigung sozial gerechtfertigt und in welchen Fällen nicht. Lesen Sie dazu den zweiten Absatz des § 1 KSchG, eine der zentralen Vorschriften des Kündigungsschutzrechts.

Eine Kündigung ist dann sozial gerechtfertigt, wenn sie durch Gründe, die **in der Person** oder **dem Verhalten** des Arbeitnehmers liegen oder durch dringende **betriebliche Erfordernisse** bedingt ist (§ 1 Abs.2, S.1 KSchG). Anders gesagt, die Kündigung muß entweder
      a) personenbedingt,
      b) verhaltensbedingt oder
      c) betriebsbedingt
begründet sein.
Diese drei Kündigungsgründe des § 1 Abs.2, S.1 KSchG sind allerdings kaum aus sich allein verständlich. So hat die Rechtsprechung diese dann über Jahre hinweg ausgefüllt:

a) Gründe, die in der **Person des Arbeitnehmers** (personenbedingte Gründe) liegen, sind solche, die auf den persönlichen Eigenschaften und Fähigkeiten des Arbeitnehmers beruhen. Hier kommt insbesondere häufige Krankheit, Trunk- oder Drogensucht, mangelnde Eignung oder nachlassende Arbeitsfähigkeit in Betracht.

Die persönlichen Eigenschaften müssen natürlich in einer gewissen **Intensität** vorliegen. Keinesfalls reicht etwa eine Erkrankung, auch nicht eine längere Erkrankung, als Kündigungsgrund. Zum einen ist weitere Voraussetzung, daß die Krankheit eine unzumutbare Beeinträchtigung der betrieblichen Interessen darstellt. Zum anderen muß die Annahme hinzukommen, daß der Arbeitnehmer auch in Zukunft länger krank sein wird.

Oft wird von der Arbeitgeberseite häufige Kurzerkrankungen eines Arbeitnehmers als Rechtfertigungsgrund angeführt. Dies trifft zwar grundsätzlich zu, die Kurzerkrankungen müssen sich jedoch über einen sehr langen Zeitraum, etwa über drei Jahre, hinziehen und zudem muß mit ihnen auch in der Zukunft zu rechnen sein.

b) Gründe, die im **Verhalten des Arbeitnehmers** liegen (verhaltensbedingte Gründe) sind vor allem solche, die sich aus einem Verhalten des Arbeit-

nehmers gegenüber dem Arbeitgeber, seinen Arbeitskollegen oder Kunden ergeben. In Betracht kommen hier insbesondere unzuverlässige, mangelhafte Leistungen, strafbare Handlungen (z.B.: Diebstahl), Unpünktlichkeit, Beleidigungen oder die Störung des Betriebsfriedens, kurzum alle nur denkbaren Pflichtverletzungen des Arbeitnehmers.
Aber auch hier gilt, wie bei der personenbedingten Kündigung, die Anforderung, daß der Verstoß eine gewisse Gewichtigkeit und Intensität beinhaltet. Konkret ist sie nur im Einzelfall anhand einer Interessenabwägung festzustellen.
Vor dem Ausspruch einer verhaltensbedingten Kündigung ist allerdings im Regelfall eine sog. **Abmahnung** erforderlich. Der Arbeitgeber muß dem Arbeitnehmer deutlich zu erkennen geben, daß er in Zukunft ein solches Verhalten nicht mehr hinnehmen werde, daß es dann zur Kündigung kommen werde.

c) **Betriebsbedingte Gründe** sind alle internen und externen Einflüsse auf einen Betrieb, die die Arbeitsleistung des Arbeitnehmers überflüssig machen. In Betracht kommt hier etwa der Auftragsmangel, der Absatzrückgang, Rationalisierung, Rohstoffmangel oder Finanzierungsschwierigkeiten.
An die Prüfung der drei Rechtfertigungsgründe schließt sich zudem in jedem Fall noch die Prüfung der **Verhältnismäßigkeit** an. Denn grundsätzlich soll eine Kündigung immer das letzte angewandte Mittel zur Lösung des Konflikts sein. Unter den Arbeitsrechtlern heißt dies das „ultima ratio-Prinzip". Es ist also immer zu prüfen, ob die Möglichkeit der Weiterbeschäftigung etwa nach einer Umschulung oder durch Versetzung an einen anderen Arbeitsplatz besteht.
Im Eingangsfall (**Nr. 17**) macht der Arbeitgeber den Rückgang der Patientenzahlen geltend. Es liegt also ein betriebsbedingter Kündigungsgrund vor. Damit hat der Zahnarzt zwar das Recht zur Kündigung, dies ist jedoch nochmals dahingehend eingeschränkt, daß er dem sozial Stärksten seiner Arbeitnehmer zuerst kündigen muß (§ 1 Abs. 3 KSchG). Der Arbeitgeber ist also verpflichtet, eine **Sozialauswahl** vorzunehmen. Kann der gekündigte Arbeitnehmer nachweisen, daß nur ein anderer Arbeitnehmer sozial stärker ist als er, so ist seine Kündigung unberechtigt. Auswahlkriterien sind dabei insbesondere die Dauer der Betriebszugehörigkeit, das Lebensalter, die sozialen und finanziellen Verhältnisse, Unterhaltspflichten gegenüber Ehegatten und Kindern und die Chancen auf dem Arbeitsmarkt. In die Auswahl einbezogen werden jedoch nur Arbeitnehmer an vergleichbaren Arbeitsplätzen. Im Ausgangsfall kommen daher nur die weiteren Arzthelferinnen in

die soziale Auswahl. Da beide ungekündigten Helferinnen jünger sind und zudem noch kürzer im Betrieb, hätte der Zahnarzt ihnen zuerst kündigen müssen. Die Kündigung im Ausgangsfall ist also unbegründet.

Leitsatz 19:
(Rechtfertigungsgründe des KSchG)

Die Kündigung eines Arbeitnehmers, welcher den Schutz des Kündigungsschutzgesetzes genießt, muß sozial gerechtfertigt sein. Deshalb muß eine Kündigung entweder
- personenbedingt,
- verhaltensbedingt oder   *Abmahnung!*
- betriebsbedingt (mit korrekter sozialer Auswahl)

begründet sein.

Besondere Kündigungsschutzgründe

FALL 18: Ein kleines Friseurgeschäft kündigt seiner Friseuse fristgerecht. Wie sich nach wenigen Wochen für die Friseuse herausstellt, war sie zum Zeitpunkt der Kündigung schon schwanger. Hat ihre Schwangerschaft Einfluß auf die Kündigung?

In diesem Fall greift einer der vielen **besonderen Kündigungsschutzgründe**, die für in hohem Maße schutzwürdige Arbeitnehmergruppen geschaffen wurden, und zwar der **Mutterschutz** gem. § 9 MuSchuG. Die Kündigung ist demnach während der Schwangerschaft und bis zum Ablauf von vier Monaten nach der Entbindung unzulässig. Die werdende Mutter hat allerdings gem. § 9 Abs.1 MuSchuG ihren Arbeitgeber innerhalb von zwei Wochen nach Zugang der Kündigung von ihrer Schwangerschaft zu unterrichten. Sollte die Arbeitnehmerin selbst nichts von ihrer Schwangerschaft wissen, und konnte sie daher den Arbeitgeber unverschuldet nicht innerhalb der Zweiwochenfrist des § 9 Abs. 1 MuSchuG benachrichtigen, so kann sie dies ohne Rechtsverlust unverzüglich nachholen. Dies hat das Bundesverfassungsgericht entschieden (BGBl. I 1980, S.147). Demnach ist für den Eingangsfall festzustellen, daß die Friseuse durch die unverzügliche Benachrichtigung ihres Arbeitgebers die Unzulässigkeit ihrer Kündigung herbeiführen kann.

Besonderer Kündigungsschutz besteht weiterhin insbesondere für **Betriebsratsmitglieder** oder **Mitglieder der Jugendvertretung**. Deren Kündigung ist ebenfalls unzulässig (§ 15 KSchG). Auch für **Schwerbehinderte** besteht ein besonderer Schutz. Hier ist die Wirksamkeit der Kündigung von einer Zustimmung der Hauptfürsorgestelle abhängig, welche vom Arbeitgeber eingeholt werden muß (§§ 19 ff SchwbG).

Kündigungsschutzbestimmungen finden sich auch in vielen weiteren Gesetzen, z.B. im Bundeserziehungsgeldgesetz, im Eignungsübungsgesetz, im Arbeitsplatzschutzgesetz oder auch im Gesetz über den Katastrophenschutz.

Leitsatz 20:
(Kündigungsschutzbestimmungen)

Die Grundsätze der Kündigung eines Arbeitsverhältnisses sind im BGB (§§ 620 – 626) geregelt. Bestimmt wird das Kündigungsrecht jedoch von einer Vielzahl von Sonderregelungen, den sog. Kündigungsschutzbestimmungen (KSchG, MuSchuG, etc.), welche den sozial schwächeren Arbeitnehmer vor der Kündigung des Arbeitgebers schützen.

Betriebsrat und Kündigung

FALL 19: In einem großen Kaufhaus wird dem Verkäufer V gekündigt. Aufgrund verschiedener längerer Krankheiten war seine Kündigung begründet und sozial gerechtfertigt. Im Kaufhaus existiert ein Betriebsrat. Dem Betriebsrat wurde die Kündigung am Tag nach der Absendung vorgelegt. Er stimmte der Kündigung zu. Ergeben sich aus den Geschehnissen um die Beteiligung des Betriebsrats Zweifel an der Rechtmäßigkeit der Kündigung? Werfen Sie einen Blick in das Betriebsverfassungsgesetz, und dort den sehr langen (und wichtigen) Paragraphen 102.

Der Arbeitgeber ist also verpflichtet, **vor jeder Kündigung** den Betriebsrat, soweit einer vorhanden ist, anzuhören (§ 102 BetrVG, § 134 BGB). Diese Anhörungspflicht ist in der Praxis von sehr großer Bedeutung, da ein Verstoß zur **unheilbaren Nichtigkeit** der Kündigung führt.

Diese Voraussetzungen der Anhörung sehen auf den ersten Blick zwar sehr einfach aus, in der Praxis scheitern jedoch viele Kündigungen des Arbeitgebers gerade an der unzureichenden Durchführung.

Von entscheidender Bedeutung ist die Regelung, daß der Betriebsrat zeitlich gesehen vor der Kündigung angehört werden muß. Die Anhörung muß daher vor Verwirklichung der Kündigungsabsicht, also vor Absendung oder Übermittlung der Kündigung an den Arbeitnehmer erfolgen. Der Mangel einer verspäteten Anhörung ist nicht zu heilen – auch nicht durch eine spätere Zustimmung des Betriebsrats zur Kündigung. Die Formvorschriften der Anhörung des Betriebsrat sind also penibel genau zu befolgen.

An dieser Stelle läßt sich schon der **Fall 19** unproblematisch lösen: Die Anhörung zur Kündigung nach deren Absendung war zu spät. Selbst die nachträgliche Zustimmung des Betriebsrats konnte dies nicht heilen. Die Kündigung des Verkäufers V ist daher unheilbar nichtig.

Doch weiter zur Anhörung des Betriebsrats: Es reicht nicht aus, dem Betriebsrat lediglich Namen des Arbeitnehmers und Kündigungsgrund mitzuteilen. Er muß über alle tatsächlichen Gründe der Kündigung, sowie den maßgebenden Sachverhalt informiert werden.

Nach der Anhörung hat der Betriebsrat eine Frist von einer Woche, um der Kündigung schriftlich zu widersprechen (§ 102 Abs.2 BetrVG). § 102 Abs.3 BetrVG listet die fünf einschlägigen Widerspruchsgründe auf (Lesen nicht vergessen!). Nutzt der Betriebsrat seine Wochenfrist nicht, so gilt dies als Zustimmung zur Kündigung.

Der Arbeitgeber ist durch einen Widerspruch allerdings nicht gehindert, trotzdem zu kündigen. Er hat lediglich den Widerspruch der Kündigung beizufügen (§ 102 Abs. 4 BetrVG). Damit soll u.a. der Arbeitnehmer in die Lage versetzt werden, die Chancen einer Kündigungsschutzklage leichter abzuschätzen.

Der Widerspruch des Betriebsrats ist allerdings sehr bedeutend für den Fall, daß der Arbeitnehmer tatsächlich eine Klage einreicht. In diesem Fall hat er gem. § 102 Abs. 5 BetrVG das Recht auf Weiterbeschäftigung am Arbeitsplatz. Der Arbeitgeber muß ihn also zu den gleichen Bedingungen weiterbeschäftigen. Nur das Gericht kann den Arbeitgeber in ganz besonden Fällen davon entbinden.

Leitsatz 21:

(Anhörung des Beriebsrats)

Existiert in einem Betrieb ein Betriebsrat, so ist dieser unbedingt vor jeder Kündigung anzuhören. Geschieht dies nicht, oder nicht richtig, so ist die Kündigung unheilbar nichtig (§ 102 BetrVG).

Übersicht 6:
Prüfung bei der ordentlichen Kündigung (§§ 620 – 625 BGB)

- Wurde eine ordentliche Kündigung erklärt?

- Ist der Betriebsrat ordnungsgemäß angehört worden?
  (gem. § 102 BetrVG mit Bekanntgabe der Gründe und
  des maßgebenden Sachverhalts)

- Steht besonderer Kündigungsschutz entgegen? Etwa:
  - Mutterschutz, gem. § 9 MuSchuG,
  - Schwerbehindertenschutz, gem. §§ 15 ff SchwbG
  - Schutz der Betriebsratsmitglieder u.ä. gem. § 15 KSchG

- Wurde die Kündigungsfrist eingehalten? (§ 622 BGB)
  - mind. 2 Wochen für Arbeiter gem. § 622 Abs. 2 BGB
  - mind. 6 Wochen zum Quartalsende für Angestellte gem. § 2 des
    Gesetzes über die Fristen für die Kündigung von Angestellten
    (längere Fristen möglich)

- Besteht Kündigungsschutz nach dem KSchG?
  - Anwendbarkeit
    - sechsmonatige Betriebszugehörigkeit gem. § 1 Abs. 1 KSchG
    - mehr als fünf Arbeitnehmer im Betrieb gem. § 23 KSchG
- Erhebung der Klage innerhalb 3 Wochen gem. §§ 4,7 KSchG
- Soziale Rechtfertigung der Kündigung gem. § 1 Abs.1 KSchG
  - personenbedingte Kündigung
    (z.B.: starke Krankheit, Drogensucht, mangelnde Eignung)
  - verhaltensbedingte Kündigung
    (Pflichtverletzungen, wie strafbare Handlungen,
    Unpünktlichkeit, Beleidigungen)
  - betriebsbedingte Kündigung
    (Auftragsmangel, Absatzrückgang, Rationalisierung,
    Rohstoffmangel)
- Verhältnismäßigkeit der Kündigung; ist Umschulung
  oder Versetzung an einen anderen Arbeitsplatz möglich?
- Soziale Auswahl bei betriebsbedingter Kündigung
  gem. § 1 Abs. 3 KSchG

Änderungskündigung

FALL 20: A der Inhaber eines großen Möbelhauses stellt fest, daß sein Verkäufer V kaum noch Umsatz bringt. Er möchte ihn, da er zudem sehr kräftig gebaut ist, lieber als Auslieferungsfahrer arbeiten lassen. Wie muß er die Umsetzung organisieren?

Wie wir aus Lektion 6 wissen (Stichwort: Art der Arbeitsleistung), unterscheiden sich die Arbeitsaufgaben eines Verkäufers zu sehr von denen eines Auslieferungsfahrers, als daß eine einfache Umsetzung vom Arbeitsvertrag abgedeckt ist.

Eine Umsetzung des V ist also nicht möglich. Dem Arbeitgeber verbleibt nur die Möglichkeit einer sog. **Änderungskündigung**. Die Änderungskündigung beinhaltet nichts anderes, als die Kündigung des alten Arbeitsverhältnisses und ein Angebot zum Abschluß eines neuen Arbeitsvertrags zu den geänderten Bedingungen.

Da die Änderungskündigung eine Kündigung des alten Arbeitsvertrags beinhaltet, ist diese auch wie eine Kündigung zu behandeln. So gelten etwa die Kündigungsfristen. Der Betriebsrat ist anzuhören und die Kündigungsschutzvorschriften (KSchG, MuSchG etc.) finden Anwendung.

Wenn A seinen Verkäufer V in der Auslieferung beschäftigen will, so muß er also den schwierigen Weg einer Änderungskündigung gehen. Bei der Umsetzung sind mithin alle Begebenheiten zu berücksichtigen, die auch bei einer Kündigung entscheidend wären.

Besondere Bedeutung hat die Änderungskündigung im Kündigungsschutzprozeß. Hier muß sich der Arbeitgeber in der Regel fragen lassen, ob nicht durch eine Umsetzung, also durch eine Änderungskündigung, die eigentliche Kündigung hätte vermieden werden können.

Leitsatz 22:

(Änderungskündigung)

Die Umsetzung eines Arbeitnehmers an einen qualitativ anders gearteten Arbeitsplatz ist nur mittels einer Änderungskündigung möglich. Sie besteht – rechtlich gesehen – aus einer Kündigung und einem neuen Vertragsangebot. Für die Änderungskündigung gelten daher die gleichen Voraussetzungen wie für eine Kündigung.

8. Lektion: Die außerordentliche Kündigung

FALL 21: A arbeitet in einem großen Werk für Autoradios. Als er nach Feierabend das Werk verläßt, wird er vom Werkschutz kontrolliert. Es wird ein teures Autoradio in seiner Aktentasche gefunden. Es stellt sich heraus, daß A in der Mittagspause unbefugt in das Lager gegangen war und das Radio eingesteckt hatte. Am nächsten Morgen wird A zum Personalleiter gerufen. Dieser erklärt, daß ihm aufgrund der Vorfälle des Vortags mit sofortiger Wirkung gekündigt werde. Der Betriebsrat sei informiert worden und habe der Kündigung zugestimmt. A solle sofort seine Sachen packen und das Werk verlassen.

FALL 22: B arbeitet bei einer großen Versicherung, deren Geschäftsräume sich in zwei, ca. 10 Minuten Fußweg voneinander entfernten, Gebäuden befinden. B hat an einem Tag in beiden Gebäuden zu tun. Durch einen Zufall kommt heraus, daß er für den Weg von einem Haus zum anderen nicht 10 Minuten sondern über eine Stunde gebraucht hat. Als ihn die Geschäftsleitung zur Rede stellt, gibt er zu, unterwegs private Besorgungen gemacht zu haben. Kann B gekündigt werden?

FALL 23: Zwischen dem Bäckergesellen C und seinem Chef kommt es zum Streit über die Urlaubszeiten. C, der bisher im Betrieb als sehr ruhiger Mitarbeiter bekannt war, regt sich über die ungünstige Lage seines Urlaubs sehr auf und beschimpft seinen Chef laut und vor den anderen Arbeitern als „Schwein" und „Idiot". Dieser überlegt sich, ob er C kündigen kann.

Neben der ordentlichen Kündigung, die wir in der letzten Lektion kennengelernt haben, bei der ja u.a. eine Frist einzuhalten ist, kennt das Recht die **außerordentliche Kündigung**. Sie wird in § 626 BGB, einer der bedeutsamsten Normen des Arbeitsrechts, geregelt (Lesen!). Ein besonderes Merkmal der außerordentlichen Kündigung ist die Möglichkeit, sie fristlos auszusprechen.

Die Erklärung einer außerordentlichen Kündigung ist gem. § 626 BGB möglich, wenn Tatsachen vorliegen, aufgrund derer den Vertragspartnern die Fortsetzung des Arbeitsverhältnisses bis zum Ablauf der Kündigungsfrist oder bis zur vereinbarten Beendigung nicht zugemutet werden kann. Diese Voraussetzung wird allgemein unter dem Stichwort **„wichtiger Grund"** diskutiert. Ein solcher wichtiger Grund ist also Voraussetzung für eine außerordentliche Kündigung. Die Schicksalsfrage ist nun, in welchen Fällen ein wichtiger Grund vorliegt und in welchen nicht.

Gem. § 626 BGB müssen die Tatsachen, also der wichtige Grund, so schwerwiegend sein, daß diese unter Berücksichtigung aller Umstände des Einzelfalls und unter Abwägung aller Interessen eine außerordentliche Kündigung rechtfertigen. Es ist also grundsätzlich eine **Einzelfallabwägung** vorzunehmen.

In der Regel rechtfertigen dabei folgende Handlungen des Arbeitnehmers eine außerordentliche Kündigung:

- Diebstahl, Unterschlagung oder Betrug (etwa fremde Stempelkarte drücken) zu ungunsten des Arbeitgebers oder der Arbeitskollegen
- Schmiergeldannahme
- Tätlichkeiten oder grobe Beleidigungen gegenüber dem Arbeitgeber oder seinen Vertretern
- vorsätzliche Sachbeschädigung an den Sachen des Arbeitgebers oder der Arbeitskollegen
- Nichterfüllung der Arbeitspflicht (Überziehen des Urlaubs, Teilnahme an einem unrechtmäßigen Streik, eigenmächtiges Verlassen der Arbeit, mehrfaches Zuspätkommen)
- Verstöße gegen die Betriebsordnung, Mißachtung von Weisungen
- ernsthafte Störung des Betriebsfriedens durch politische oder gewerkschaftliche Agitation

Auch außerdienstliches Verhalten kann eine außerordentliche Kündigung rechtfertigen, etwa wenn der Arbeitnehmer dadurch gehindert wird, seine Arbeit zu erfüllen (Verlust des Führerscheins beim Kraftfahrer).

Auf den ersten Blick vermittelt diese Aufzeichnung möglicher Kündigungsgründe den Eindruck, als stände der Arbeitnehmer immer sehr nah an der Klippe zur außerordentlichen Kündigung. Dem ist jedoch nicht so. Sehr oft sind die Vorkommnisse nicht so schwerwiegend zu bewerten, daß sie gleich beim ersten Mal eine außerordentliche Kündigung rechtfertigen. Vielfach wird erst durch eine Wiederholung die notwendige Intensität eines wichtigen Grundes im Sinn von § 626 BGB erreicht. Voraussetzung ist dann weiterhin, daß der Arbeitnehmer ausdrücklich darauf hingewiesen wurde, daß eine Wiederholung zur Kündigung führt. Für diese Konstellation hat sich die Rechtsform der sog. **Abmahnung** herausgebildet. Sie ist in der Praxis von großer Bedeutung. Bis auf sehr wenige Ausnahmen ist der Arbeitnehmer vor dem Ausspruch einer außerordentlichen Kündigung vorher ausdrücklich abzumahnen. Es ist ihm anzukündigen, daß eine weitere Handlung dieser Art zur Kündigung führt. Weder eine einmalige politische Äußerung noch ein einmaliger Verstoß gegen die Betriebsordnung berechtigen also in der

Regel zu einer sofortigen außerordentlichen Kündigung. In beiden Fällen ist erst der Arbeitnehmer deutlich abzumahnen. Erst eine Wiederholung der Handlung durch den Arbeitnehmer führt dann zur Kündigungsmöglichkeit. Eine Abmahnung ist lediglich entbehrlich, wenn der Verstoß so schwerwiegend ist, daß der Arbeitnehmer damit rechnen muß, daß das Vertrauen des Arbeitgebers endgültig zerstört ist. Dies ist allerdings meist bei strafbaren Vergehen der Fall.

Leitsatz 23:

(Abmahnung)

Einer außerordentlichen Kündigung muß regelmäßig eine Abmahnung vorausgehen. Unter einer Abmahnung versteht man eine Beanstandung der Leistung des Arbeitnehmers mit gleichzeitiger Androhung der Kündigung für den Fall der Wiederholung. Nur in sehr schwerwiegenden Fällen, bei denen schon das einmalige Ereignis zu einer vollständigen Zerstörung des Vertrauensverhältnisses führt (in der Regel etwa bei strafbaren Handlungen) ist eine Abmahnung entbehrlich.

Für die Beispielsfälle müssen wir nun entscheiden, ob jeweils ein wichtiger Grund vorliegt oder nicht.
Im **Fall 21** hatte A durch den Autoradiodiebstahl das Vertrauen des Arbeitgebers mißbraucht. Dieser hatte auf den Schutz seiner Sachwerte durch die Arbeitnehmer vertraut. Durch den Vorfall wurde das Vertrauensverhältnis nachhaltig zerstört, so daß eine Fortsetzung des Arbeitsverhältnisses dem Arbeitgeber nicht zuzumuten ist. Eine Abmahnung war nicht notwendig, da der einzelne Diebstahl für sich allein gesehen schon so schwerwiegend war, daß das Vertrauensverhältnis unwiederherstellbar zerstört wurde.
Im Fall 21 liegt also ein wichtiger Grund im Sinn des § 626 BGB vor. Im folgenden haben wir dann zu untersuchen, ob auch die weiteren Voraussetzungen der außerordentlichen Kündigung vorliegen. Zuvor soll noch geklärt werden, ob in den Beispielsfällen 22 und 23 ein wichtiger Grund vorliegt.
Der Versicherungsangestellte B aus dem **Fall 22** hatte in der Arbeitszeit Einkäufe unternommen. In der Zeit der Abwesenheit ist er seinen Pflichten aus dem Arbeitsvertrag nicht nachgekommen. Dies hat der Arbeitgeber sicher nicht hinzunehmen. Es kann jedoch nicht davon gesprochen werden, daß das Vertrauensverhältnis endgültig zerstört ist. Es ist durchaus zu erwarten, daß sich ein solcher Vorfall, insbesondere nach der Entdeckung, nicht wiederholt. Diese 50-minütige Leistungsverweigerung stellt mithin al-

leine keinen wichtigen Grund dar, der ohne vorhergehende Abmahnung eine außerordentliche Kündigung ermöglicht. Dem Arbeitgeber steht es jedoch frei, den Vorfall zum Anlaß zu nehmen, eine Abmahnung zu erklären. Im Wiederholungsfall wäre er dann zur außerordentlichen Kündigung berechtigt.

Im **Fall 23** beleidigte der Bäckergeselle C seinen Meister mit den Worten „Idiot" und „Schwein". Solche verletzenden Bezeichnungen stellen eine grobe Beleidigung dar und können zur außerordentlichen Kündigung führen. Abzustellen ist jedoch auch hier auf den Gesamtzusammenhang. Im vorliegenden Fall war C als sehr ruhiger Mitarbeiter bekannt. Solche einmaligen Beleidigungen stellen eine einmalige Entgleisung dar, die das Vertrauensverhältnis nicht endgültig zerstören. Dem Bäckermeister steht es deshalb auch hier lediglich frei, eine Abmahnung zu erteilen.

Anders wäre der Fall wohl zu beurteilen, wenn C bekannt war für seine ungehobelte Art und schon in den Tagen vorher weniger starke oder ähnliche Beleidigungen fallen gelassen hätte. Findet ein solches Verhalten seinen Höhepunkt in der groben Beleidigung, so liegt ein wichtiger Grund vor. Bei der Beurteilung von Beleidigungen ist es zudem unerheblich, in welcher Sprache sie erfolgen. Hingegen rechtfertigen hinterbrachte Beleidigungen, also Beleidigungen, die gegenüber Dritten erfolgen und dem Arbeitgeber lediglich hinterbracht werden, in der Regel keine außerordentliche Kündigung.

Weder im Fall 22 noch im Fall 23 liegt also ein wichtiger Grund vor. Für unsere weitere Prüfung ist mithin nur noch der Autoradiofall (**Fall 21**) von Relevanz. Zur weiteren Lösung später.

Zur Problematik des wichtigen Grundes ist vorher noch auf einen viel diskutierten Sonderfall, auf die **Verdachtskündigung**, hinzuweisen.

Kommt es bei einer strafbaren Handlung nicht zu einem Geständnis des Arbeitnehmers oder zu einer anderen schnellen Aufklärung, so bleibt manchmal ein schwerwiegender Verdacht gegen einen Arbeitnehmer. Zu denken ist hier etwa an folgenden Tathergang:

FALL 24: In einer Fabrik werden regelmäßig aus den Spinden der Arbeitnehmer Gegenstände gestohlen. Als ein Arbeiter zufällig früher als normal in den Umkleideraum kommt, entdeckt er D, der in einer fremden Jacke hantiert. D flieht und äußert sich nicht weiter.

Auch ein schwerer, nicht ausgeräumter Verdacht kann ein wichtiger Grund zur außerordentlichen Kündigung sein, insbesondere, wenn der Arbeitnehmer durch eigenes Verhalten (hier: Flucht) den Verdacht selbst herbeigeführt oder verstärkt hat. In einem Kündigungsschutzprozeß besteht für den Arbeitnehmer jedoch die Möglichkeit, seine Unschuld zu beweisen und so seine Wiedereinstellung durchzusetzen. D könnte beispielsweise argumentieren, er habe die Jacke für seine eigene gehalten, er sei aufgrund persönlicher Angst vor dem Zeugen geflohen oder die Diebstähle hätten trotz seiner Abwesenheit nicht aufgehört.

Nun kommen wir zu den weiteren Voraussetzungen der außerordentlichen Kündigung und damit auch zur Weiterführung des **Falls 21**.

Die außerordentliche Kündigung ist gem. § 626 Abs. 2 BGB nur innerhalb einer **Frist von zwei Wochen** nach Erlangung der Kenntnis des wichtigen Grundes möglich. Die Frist beginnt also nicht mit dem Vorfall selbst, sondern mit dem Zeitpunkt, in dem dem Arbeitgeber alle maßgeblichen Tatsachen bekannt werden. Wie bei der ordentlichen Kündigung muß auch bei der außerordentlichen Kündigung gem. § 102 BetrVG der **Betriebsrat** vorher **angehört** werden.

Mit diesem Wissen können wir nun auch den noch offenen **Fall 21** (Stichwort: Radiodiebstahl) lösen. Da der Arbeitgeber zuvor den Betriebsrat angehört hatte und zudem schon am nächsten Tag, also innerhalb der Frist gekündigt hatte, ist die außerordentliche Kündigung des A nicht zu beanstanden.

Zwei weitere Begebenheiten, die wir schon von der ordentlichen Kündigung her kennen, sind zudem zu beachten:

Auch die außerordentliche Kündigung ist nicht uneingeschränkt möglich. Sie wird durch verschiedene **besondere Kündigungsschutzgründe** oder -regelungen begrenzt. Insbesondere ist dies der Mutterschutz (§ 9 MuSchG), der Schutz von Schwerbehinderten (§§ 15 ff SchwbG) und die Regelungen zur Entlassung von Betriebsratsmitgliedern (§ 103 BetrVG).

Desweiteren besteht eine Frist für die gerichtliche Geltungmachung. Der Arbeitnehmer muß gem. §§ 13 Abs.1 S.2; 4; 7 KSchG innerhalb von **drei Wochen** eine Kündigungsschutzklage erheben, um zu verhindern, daß eine unberechtigte außerordentliche Kündigung nicht trotzdem rechtswirksam wird.

Hinzuweisen ist noch darauf, daß auch der Arbeitnehmer wegen eines wichtigen Grundes gem. § 626 BGB kündigen kann. § 626 BGB entfaltet seine Wirkung also in beide Richtungen. Wichtige Gründe, die eine Kündigung durch den Arbeitnehmer rechtfertigen, liegen in der Regel vor, wenn der Arbeitgeber keine oder nicht die volle vereinbarte Vergütung zahlt, wenn unzumutbare Arbeitsbedingungen, die zur Gefährdung von Leben, Gesundheit oder Sittlichkeit führen, vorhanden sind, oder wenn es zu Tätlichkeiten oder groben Beleidigungen durch den Arbeitgeber oder seinen Vertreter gekommen ist.

Leitsatz 24:

(Außerordentliche Kündigung)

Die zweite Form der Kündigung ist die außerordentliche Kündigung gem. § 626 BGB. Sie ist vom Bestehen eines wichtigen Grundes abhängig. Die außerordentliche Kündigung ist nur innerhalb von 14 Tagen nach Kenntnis der maßgeblichen Tatsachen möglich (§ 626 Abs. 2 BGB). Eine Kündigungsschutzklage des Arbeitnehmers kann nur innerhalb von drei Wochen eingelegt werden (gem. §§ 13 Abs.1 S.2, 4, 7 KSchG).

Übersicht 7:

Prüfung bei der außerordentlichen Kündigung (§ 626 BGB)

– Wurde eine außerordentliche Kündigung erklärt? (Kündigungserklärung abwägen: Beruft sich der Arbeitgeber auf einen wichtigen Grund? Erfolgte sie fristlos?)
– Ist der Betriebsrat ordnungsgemäß angehört worden? (gem. § 102 BetrVG mit Bekanntgabe der Gründe und des maßgebenden Sachverhalts (wie ordentliche Kündigung))
– Liegt ein wichtiger Grund vor? (gem. § 626 Abs.1 BGB; Wichtig: Abmahnung erfolgt oder überflüssig)

– Steht besonderer Kündigungsschutz entgegen? Etwa:
  – Mutterschutz, gem. § 9 MuSchuG
  – Schwerbehindertenschutz, gem. §§ 15 ff SchwbG
  – Schutz der Betriebsratsmitglieder u.ä. gem. § 15 KSchG, § 103 BetrVG

– Erfolgte die Kündigungserklärung rechtzeitig? (innerhalb von 14 Tagen gem. § 626 Abs.2 BGB)
– Wurde die Kündigungsschutzklage innerhalb von drei Wochen erhoben? (gem. §§ 13 Abs.1 S.2; 4; 7 KSchG)

9. Lektion: Aufhebungsvertrag

Nachdem wir in den letzten zwei Lektionen die Beendigung des Arbeitsverhältnisses durch Kündigung erörtert haben, könnte man fast annehmen, das Thema „Beendigung des Arbeitsverhältnisses" sei nun abgeschlossen. Dem ist jedoch nicht so. Zwei weitere Beendigungsgründe beschäftigen Praxis und Lehre. Es handelt sich um den Aufhebungsvertrag und um den Fristablauf bei befristeten Arbeitsverhältnissen. Wir besprechen die beiden Beendigungsgründe in dieser und in der nächsten Lektion.

FALL 25: In einem großen Supermarkt arbeitet K als jüngste von 18 Kassiererinnen. An einem normalen Arbeitstag wird sie plötzlich zum Marktleiter gerufen. Der Marktleiter eröffnet ihr, daß der Supermarkt dringend Personal einsparen müsse. Sie, als die jüngste unter den Kassiererinnen, solle aus sozialen Gründen doch als erste gehen. Er erwäge auch eine Kündigung gegen sie. Es gäbe jedoch eine Möglichkeit, sich den Ärger zu ersparen. Man könne sich einigen. Er biete ihr eine Vereinbarung an, wonach der Arbeitsvertrag zwar mit sofortiger Wirkung ende, sie jedoch 2500,– DM in bar erhalte. K erscheint dies als ein faires Angebot. Sie unterschreibt eine entsprechende Vereinbarung und nimmt die 2500,– DM entgegen. Am Abend kommen K verschiedene Gedanken über die Richtigkeit ihrer Entscheidung: Hätte Sie nicht mehr Geld verdient, wenn sie bis zum Ende der Kündigungsfrist weitergearbeitet hätte? Wäre die Kündigung eigentlich sozial gerechtfertigt gewesen, wo doch eine Kollegin erst drei Wochen beschäftigt ist? Als ihr am nächsten Tag beim Arbeitsamt mitgeteilt wird, daß sie das Arbeitslosengeld voraussichtlich erst nach einer Sperrfrist erhalte, weil sie ihre Stelle ja selbst aufgegeben habe, erkennt K, daß ihre Vereinbarung mit dem Marktleiter für sie sehr ungünstig ist. K will wieder zurück in ihr altes Arbeitsverhältnis. Geben Sie dem Wunsch von K eine Chance?

Fragen wir uns zuerst, was sich rechtlich gesehen eigentlich abgespielt hat. Überlegen Sie! Tip: Das allgemeine Vertragsrecht.

Das Arbeitsverhältnis wurde von K und dem Marktleiter nicht durch eine Kündigung, sondern durch eine Vereinbarung aufgehoben. Ist dies möglich? Natürlich, nach dem Grundsatz der Vertragsfreiheit (§§ 241, 305 BGB) kann ein Arbeitsvertrag – wie jeder andere Vertrag – aufgehoben werden. Wenn beide Seiten das Arbeitsverhältnis nicht mehr wollen, besteht kein Grund, sie zur Fortführung des Arbeitsvertrags zu zwingen.

Eine Vereinbarung, mit der die Parteien des Arbeitsverhältnisses die Beendigung desselben beschließen, heißt **Aufhebungsvertrag**. Ein Aufhebungsvertrag ist an keine Formvorschrift gebunden. Er kann daher, anders als etwa die Kündigung, schriftlich oder mündlich vorgenommen werden. Üblicherweise beinhaltet der Aufhebungsvertrag die Vereinbarung der Beendigung des Arbeitsverhältnisses für sofort oder zu einem späteren Zeitpunkt gegen die Zahlung einer Abfindung an den Arbeitnehmer.

Der Aufhebungsvertrag ist ein sehr konsequentes und wirkungsvolles juristisches Gestaltungsmittel. Mit ihm können die Parteien das Arbeitsverhältnis, unabhängig von allen sonst entgegenstehenden arbeitsrechtlichen Regelungen, beenden. Weder das Kündigungsschutzgesetz, noch die besonderen Kündigungsschutzvorschriften, wie die für Schwangere oder Schwerbehinderte, stehen der Wirksamkeit eines Aufhebungsvertrags entgegen. Es gelten insofern keinerlei Kündigungsfristen und verbote.

Das **Arbeitsamt** stellt den Abschluß eines Aufhebungsvertrags der Kündigung durch den Arbeitnehmer gleich. Es erkennt im Aufhebungsvertrag die freiwillige Aufgabe des Arbeitsverhältnisses durch den Arbeitnehmer. Dies hat zur Konsequenz, daß in der Regel gem. § 119 Arbeitsförderungsgesetz (AFG) eine mehrwöchige Sperrfrist für die Zahlung von Arbeitslosengeld verhängt wird. Der Arbeitnehmer muß diesen finanziellen Verlust bei den Verhandlungen mit seinem Arbeitgeber berücksichtigen.

Der Abschluß eines Aufhebungsvertrags birgt also **große Risiken für den Arbeitnehmer**. Er verliert seinen gesamten Kündigungsschutz und erhält zudem eine Sperrfrist vom Arbeitsamt. Wird ein Aufhebungsvertrag unüberlegt abgeschlossen, so kann es – wie hier im Beispielsfall 25 – schnell zu sehr großen Nachteilen für den Arbeitnehmer kommen. Schlußfolgerung: Ein Arbeitnehmer sollte sich den Abschluß eines Aufhebungsvertrags sehr gründlich überlegen. Andererseits spricht auch nichts dagegen, einen Arbeitsplatz – etwa zugunsten eines besseren – , zwar unter Aufgabe aller Rechte, jedoch mit einer schönen Abfindung, zu verlassen.

Die Problematik des unvorsichtig abgeschlossenen Aufhebungsvertrags ist den Tarifparteien durchaus bekannt. Es finden sich daher in verschiedenen **Tarifverträgen** Schutzvorschriften für den Arbeitnehmer: Zum Teil ist die Schriftform, zum Teil eine 14 tägige Widerrufsmöglichkeit vereinbart. Genaue Erläuterungen zum Tarifrecht finden Sie in Lektion 12.

Die rechtliche Situation im **Fall 25** können wir also wie folgt zusammenfassen: K hat einen Aufhebungsvertrag abgeschlossen, mit dem sie auf ihren Kündigungsschutz verzichtet und der ihr eine Sperre beim Arbeitsamt einbringt. Ein solcher Vertragsabschluß ist für sie zwar trotz der Zahlung von DM 2500,– sehr ungünsig, er ist jedoch rechtlich grundsätzlich nicht zu beanstanden.

Welche Möglichkeiten sehen Sie noch, um der K zu helfen? Es ist nicht einfach einen geschlossenen Vertrag zu kippen! Die speziellen arbeitsrechtlichen Regelungen helfen nicht weiter, da sie vom Aufhebungsvertrag ausgehebelt werden. Rettung könnte nur das allgemeine Vertragsrecht bringen. Die Willenserklärung zum Abschluß des Aufhebungsvertrags kann – wie jede Willenserklärung – wegen Drohung oder Irrtums angefochten werden (§§ 119, 123 BGB).

Im Fall 25 hatte der Marktleiter darauf hingewiesen, daß er eine Kündigung gegen K erwäge. Sehen Sie hierin eine Drohung, die eine **Anfechtung** gegen die Zustimmung zum Aufhebungsvertrag rechtfertigt?

Nicht jede Drohung rechtfertigt die Anfechtung (§ 123 BGB). Es muß sich schon um die Drohung mit einem empfindlichen Übel handeln. Die Veränderung der täglichen Arbeitszeit etwa reicht nicht aus. Droht der Arbeitgeber jedoch mit einer unberechtigten Strafanzeige oder mit einer unberechtigten außerordentlichen Kündigung, so kann der Arbeitnehmer aus diesen Gründen anfechten. Der Arbeitgeber muß also schon richtig schwerwiegend gedroht haben damit sich ein Aufhebungsvertrag mittels der Anfechtung zu Fall bringen läßt. Die normale Ankündigung einer ordentlichen Kündigung, wie im Fall 25, stellt mithin kein empfindliches Übel dar. Wir können K also nicht helfen.

Die Anfechtung der Willenserklärung zum Abschluß des Aufhebungsvertrags kann auch mit **Irrtum** begründet werden (§ 119 BGB). Allgemein wird diskutiert, ob eine schwangere Frau, die sich über den weitreichenden Verlust ihrer Sozialleistungen nicht bewußt war oder von ihrer Schwangerschaft noch nichts wußte, wegen dieses Irrtums anfechten kann. Die herrschende Meinung lehnt dies ab. Anderer Ansicht ist etwa Gamillscheg, der zu Recht auf die außerordentlichen Lage der Frau hinweist (PdW I, 7. Aufl., 374).

Leitsatz 25:
(Aufhebungsvertrag)

Es steht den Parteien frei, das Arbeitsverhältnis mittels eines Aufhebungsvertrags zu beenden (Vertragsfreiheit (§§ 241, 305 BGB)). Mit dem Vertrag heben sie die Wirkung aller Kündigungsschutzvorschriften einschließlich der Kündigungsfristen und verbote auf. Das Arbeitsamt ist gem. § 119 AFG berechtigt, eine Zahlungssperrfrist zu verhängen. Der Aufhebungsvertrag kann gegebenenfalls wegen Drohung (z.B. mit unberechtigter außerordentlicher Kündigung oder unberechtigter Strafanzeige) oder wegen Irrtums angefochten werden (§§ 119, 123 BGB).

Lektion 10: Befristung des Arbeitsvertrags

FALL 26: Im April kommt es zwischen der gelernten Buchhändlerin B und dem Inhaber einer größeren Buchhandlung C zu Verhandlungen über einen Arbeitsvertrag. Der Inhaber C erklärt sich bereit, B zu beschäftigen, verlangt jedoch eine Befristung des Arbeitsvertrags auf sechs Monate, um zu erproben, ob B in sein Geschäft paßt. Als B im Oktober weiter arbeiten will, erklärt ihr C, daß er sie aufgrund des geringen Umsatzes im Sommer und seines Urlaubs nicht richtig beobachten konnte. Er biete ihr deshalb eine erneute Verlängerung an. Sie solle sich nochmals drei Monate über das Weihnachtsgeschäft und die Inventur erproben. Beide schließen einen entsprechenden Vertrag. Im Januar lehnt C eine Weiterführung des Arbeitsverhältnisses ab. B ärgert sich verständlicherweise und verlangt die Weiterbeschäftigung. Zu Recht?

Die Fragestellung zeichnet sich uns ab: Ist die Befristung eines Arbeitsverhältnisses zulässig und wenn, unter welchen Umständen?

Bei der Beantwortung stoßen wir derzeit auf eine in der Rechtslandschaft sehr seltene Konstellation. Bei der Prüfung ist nicht ein einziger Lösungsweg, sondern es sind **zwei Lösungswege** zu diskutieren. Dies hat seine Ursache darin, daß die reguläre Rechtssituation durch das nur auf Zeit erlassene Beschäftigungsförderungsgesetz (BeschFG) beeinflußt wird. Das Beschäftigungsförderungsgesetz wurde zuerst 1985 befristet auf den 1.1.1990 erlassen, später wurde es dann bis zum 31.12.1995 verlängert. Es soll durch die Erleichterung der Befristung von Arbeitsverträgen die Rate der allgemeinen Beschäftigung steigern.

Durch das Beschäftigungsförderungsgesetz wird die Rechtslage für den Arbeitnehmer ungüstiger als sonst. In der Praxis wird daher zuerst die Gesetzessituation nach dem in der Regel einschlägigen Beschäftigungsförderungsgesetzes geprüft. Wir als exakte Juristen müssen zuerst die reguläre Rechtslage und dann das Beschäftigungsförderungsgesetz erörtern.

Kommen wir zurück zur Ausgangsfrage: Ist die Befristung von Arbeitsverträgen überhaupt möglich? Lesen Sie § 620 Abs.1 BGB! Demnach enden Dienstverhältnisse mit dem Ablauf der Zeit, für die sie eingegangen sind. Daraus ließe sich eigentlich schließen, daß Befristungen möglich und unproblematisch sind. Richtig ist, daß die Befristung möglich ist. Unproblematisch ist sie jedoch nicht!

Stellen wir uns einmal vor, die Befristung sei ohne Probleme möglich. Ein Arbeitgeber stände dann bei der Einstellung vor der Frage, ob er unbefristet oder befristet auf ein oder zwei Jahre und mit dem Hintergedanken auf mögliche Anschlußverträge einstellen soll. Ein unbefristet eingesteller Arbeitnehmer würde für ihn ein ungleich größeres Risiko bedeuten. Wollte er den Arbeitnehmer – aus welchen Gründen auch immer – wieder entlassen, so müßte er die umfassenden Kündigungsschutzvorschriften beachten. Beim befristet eingestellten Arbeitnehmer würde irgendwann der Vertrag auslaufen. Er bräuchte ihn dann bloß nicht zu verlängern. Aufgrund dieser Rechtslage wäre zu befürchten, daß der Arbeitgeber die Möglichkeit der Befristung nutzt, um den Kündigungsschutz zu umgehen.

Dem hat die Rechtsprechung einen Riegel vorgeschoben, der inzwischen zum Gewohnheitsrecht geworden ist. Die Befristung eines Arbeitsverhältnisses ist demnach nur erlaubt, wenn sie durch einen **sachlich, objektiven Grund** gerechtfertigt wird. Fehlt ein solcher Grund, so kann sich der Arbeitgeber nicht auf die Befristung berufen, so daß der Arbeitsvertrag unbefristet gilt. Nun stellt sich für uns die Gretchenfrage: In welchen Fällen liegt ein sachlich, objektiver Grund vor und in welchen Fällen nicht.

Bitte überlegen Sie! (Zum Appetitholen drei kurze Sachverhalte: A) Der Arbeitgeber befürchtet einen Auftragsrückgang für das nächste Jahr. B) Der Arbeitnehmer will im Sommer ein Studium beginnen. C) Ein Fernsehsender will eine Ansagerin nur zwei Jahre beschäftigen, weil er einen neuen Publikumsgeschmack fürchtet.)

Der Grund der Rechtfertigung muß sachlich und objektiv sein.

Dies bedeutet, daß es nicht auf die individuellen Ansichten und Wünsche des einzelnen Arbeitgebers ankommt, sondern auf die tatsächlich, beim Abschluß des Arbeitsvertrags vorhandenen, Gründe.

In der Praxis haben sich verschiedene Sachverhalte oder Typengruppen herausgebildet, bei denen eine Befristung sachlich und objektiv begründet ist. Die Befristung ist zulässig:

– wenn es der Arbeitnehmer selbst wünscht. Dabei darf allerdings keinerlei Zwang auf ihn ausgeübt worden sein. Stichwort: Wunsch des Arbeitnehmers
– zur Erprobung des Arbeitnehmers. In der Regel bis sechs Monate. Eine langfristige Erprobung kommt nur bei Berufen mit gesteigerten Leistungsanforderungen in Frage. Stichwort: Erprobung
– wenn die Arbeitsaufgaben nur vorübergehender Natur sind. Beispiel hierfür ist die Vertretung aufgrund von Krankheit oder Schwangerschaft abwesender Mitarbeiter. Stichwort: vorübergehende Aufgaben

- in Branchen, in denen ein Abwechslungsbedürfnis besteht oder der Publikumsgeschmack eine Befristung verlangt. Es handelt sich insbesondere um Berufe im künstlerischen Bereich, meist in den Medien (Musiker, Schauspieler, Sprecher) Stichwort: Branchennotwendigkeit
- aus sozialen Gründen. Etwa um einem Auszubildenden durch eine Übernahme den Übergang in den erlernten Beruf zu erleichtern. Stichwort: Soziale Gründe.

Nun zurück zu den Appetitsachverhalten: A) Ein befürchteter Auftragsrückgang ist kein Befristungsgrund, weil die Auftragseinbuße bei Abschluß nicht tatsächlich vorlag. B) Der Wunsch des Arbeitnehmers, sein Studium zu beginnen ist sicher ein Grund dafür. C) Der Fernsehsender darf den Vertrag befristen (Stichwort: Branchennotwendigkeit).

Kommen wir auch kurz zurück zu **Fall 26**. B hatte hintereinander, also in Kette, zwei Verträge geschlossen (Erst sechs, dann nochmals drei Monate). Bevor wir nun zur Prüfung schreiten können, stellt sich eine Frage: Welchen Vertrag sollen wir prüfen? Nur den zeitlich ersten, nur den zweiten oder sogar beide?

Das Problem der Aneinanderreihung von befristeten Verträgen ist allgemein unter dem Stichwort „**Kettenarbeitsverträge**" bekannt. Früher mußten alle Verträge einer solchen Kette geprüft werden. Bei z.B. acht hintereinanderliegenden befristeten Verträgen mußten also alle acht geprüft werden. War nur einer fehlerhaft, so galt dieser als unbefristet. Das Bundesarbeitsgericht hat 1985 seine Rechtsprechung neu formuliert (NZA 1986, 569). Demnach braucht nur der zeitlich letzte Vertrag geprüft zu werden, da die Parteien mit dem Abschluß eines neuen Arbeitsvertrags zum Ausdruck gebracht haben, daß nur noch dieser für ihr Verhältnis bestimmend sein soll.

Im **Fall 26** ist also nur der zweite Arbeitsvertrag zu prüfen. Jetzt können Sie den Fall schon selbst lösen. Besteht die Befristung zu Recht oder nicht? Bilden Sie sich eine Meinung!

Die dreimonatige Befristung des zweiten Arbeitsvertrags wurde mit der Erprobung der B begründet. Die Erprobung ist zwar ein anerkannter Grund für die Befristung, es besteht jedoch Zweifel daran, ob dieser tatsächlich vorlag. B arbeitete zum Zeitpunkt des Vertragsbeginns schon sechs Monate in der Buchhandlung. Ein solcher Zeitraum ist nach allgemeinem Erachten ausreichend zur Erprobung. Für eine längere Erprobung fehlt jegliche Veranlassung. Unerheblich ist dabei, daß das Geschäft wenig Umsatz hatte und daß der Inhaber im Urlaub war. Die Erprobung war durch derartige normale Geschäftsumstände nicht ausschlaggebend behindert.

Der Inhaber der Buchhandlung kann sich also nicht mehr auf die Befristung berufen, so daß der Arbeitsvertrag von B unbefristet gilt. Dies ist also das Ergebnis nach dem regulären Recht.

Inwieweit ändert das **Beschäftigungsförderungsgesetz** die Rechtlage?
Nach § 1 Abs.1 Satz 1 BeschFG ist es zulässig, einen Arbeitsvertrag einmalig auf bis zu 18 Monate zu befristen, wenn der Arbeitnehmer neu eingestellt wird oder im Anschluß an eine Berufsausbildung nur vorübergehend weiterbeschäftigt werden kann. Gem. § 1 Abs.1 Satz 2 BeschFG liegt keine Neueinstellung vor, wenn zu einem vorhergehenden Arbeitsverhältnis ein enger sachlicher Zusammenhang besteht.

Mit diesem Wissen können wir den **Fall 26** auch nach dem Beschäftigungsförderungsgesetz lösen. Da das zweite Arbeitsverhältnis der B direkt an das erste, sechsmonatige Arbeitsverhältnis anknüpfte, hilft auch das Beschäftigungsförderungsgesetz dem Inhaber C nicht weiter. Er kann sich nicht darauf berufen, da zwischen beiden Arbeitsverhältnissen ein enger sachlicher Zusammenhang bestand: Es handelte sich ja um den gleichen Arbeitsplatz.

Der Arbeitsvertrag der B gilt also in jedem Fall unbefristet.

Leitsatz 26:
(Befristung des Arbeitsverhältnisses)

Die Befristung eines Arbeitsverhältnisses ist nur mit einem sachlich, objektiven Grund möglich. Mögliche Gründe sind z.B. die Erprobung des Arbeitnehmers, eine Branchennotwendigkeit, der Wunsch des Arbeitnehmers oder die Wahrnahmung einer nur vorübergehenden Aufgabe. Liegt ein solcher nicht vor, so kann sich der Arbeitgeber nicht auf die Befristung berufen, so daß der Arbeitsvertrag als unbefristet abgeschlossen gilt.

Leitsatz 27:
(Befristung des Arbeitsverhältnisses nach dem Beschäftigungsförderungsgesetz)

Nebern der normalen Befristung, ist eine Befristung bis zu 18 Monaten nach dem Beschäftigungsförderungsgesetz (BeschFG) zulässig, wenn der Arbeitnehmer neu eingestellt wird oder wenn ein Auszubildender nur vorübergehend übernommen werden kann (§ 1 BeschFG).

Das Gesetz gilt, wenn es nicht nochmals verlängert wird, nur noch bis zum 31.12.1995.

III. Kollektivarbeitsrecht

11. Lektion: Gewerkschaften und Arbeigeberverbände

Der Grundstein des kollektiven Arbeitsrechts wurde im Frühkapitalismus gelegt. Erinnern wir uns: Die Arbeitsbedingungen waren damals sehr schlecht. Es wurde über 70 Stunden in der Woche gearbeitet, es gab sehr wenig freie Tage und der Arbeitslohn reichte kaum zur Ernährung. Zudem arbeiteten die Menschen ohne jeglichen Schutz an Maschinen, die häufig eine hohe Verletzungsgefahr bargen oder gesundheitsschädigende Abluft produzierten.

Der Staat wollte oder konnte nicht helfen, so daß den Arbeitern nur die Selbsthilfe blieb. Sie schlossen sich zusammen und gründeten – unter sehr großen Schwierigkeiten – die zuerst noch verbotenen **Gewerkschaften**. Als Gegengewicht und als Verhandlungspartner vereinten sich im Laufe der Zeit die Arbeitgeber in **Arbeitgeberverbänden**. Der Oberbegriff für Gewerkschaften und Arbeitgeberverbände ist **„Koalition"**.

Nach dem zweiten Weltkrieg wurden die vielen kleinen Einzelgewerkschaften nicht erneut zum Leben erweckt, sondern einige wenige flächenübergreifende **Industriegewerkschaften** gegründet. Diese Gewerkschaften organisieren die Arbeitnehmer eines gesamten Industriezweigs. Sie richten sich also nicht nach dem speziellen Beruf des einzelnen Arbeitnehmers sondern nach der Art des Betriebs, in dem dieser tätig ist. Für alle Betriebe, die sich mit dem Metallbau beschäftigen, ist z.B. die IG Metall zuständig. Dies bedeutet, daß die IG Metall außer für die Schlosser auch für die Kantinenarbeitskraft, die Sekretärinnen oder die dort arbeitenden Elektriker zuständig ist. Kurz gesagt: **ein Betrieb – eine Gewerkschaft**.

Neben den Industriegewerkschaften wurde in der damaligen britischen Zone auch eine Gewerkschaft nach dem Berufsverbandsprinzip gegründet. Eine Gewerkschaft nach dem Berufsverbandsprinzip vertritt alle Mitglieder ihrs Berufszweiges, unabhängig davon in welchen Sparten sie arbeiten. Die damalige Gewerkschaft richtete sich an alle Angestellten. Aus ihr ist die heute sehr einflußreiche **Deutsche Angestelltengewerkschaft** (DAG) entstanden. Die bedeutendsten Industriegewerkschaften sind im Deutschen Gewerkschaftsbund (DGB) zusammengefaßt. Er besteht derzeit aus folgenden Einzelgewerkschaften:

Industriegewerkschaft Bau, Steine, Erden
Industriegewerkschaft Bergbau und Energie
Industriegewerkschaft Chemie, Papier, Keramik
Gewerkschaft der Eisenbahner Deutschlands
Gewerkschaft Erziehung und Wissenschaft
Gewerkschaft Gartenbau, Land- und Forstwirtschaft
Gewerkschaft Handel, Banken und Versicherungen
Gewerkschaft Holz und Kunststoff
Gewerkschaft Leder
Industriegewerkschaft Medien
Industriegewerkschaft Metall
Gewerkschaft Nahrung, Genuß, Gaststätten
Gewerkschaft Öffentliche Dienste, Transport und Verkehr
Gewerkschaft der Polizei
Deutsche Postgewerkschaft
Gewerkschaft Textil, Bekleidung
Diesen Gewerkschaften stehen jeweils eine Vielzahl von regional organisierten Arbeitgeberverbänden gegenüber (über 700). Als ein Beispiel unter vielen ist etwa an den Einzelhandelsverband Niedersachsen e.V. zu denken. Dachverband aller Verbände ist die Bundesvereinigung der deutschen Arbeitgeberverbände (BDA).

FALL 27: In einem großen Automobilwerk fühlen sich die Arbeiter am Band 7 von ihrer Gewerkschaft nicht richtig vertreten. Sie sind mit der im Tarifvertrag ausgehandelten Arbeitszeitregelung und auch sonst nicht zufrieden und beschließen, eine eigene Gewerkschaft zu gründen. Sie wollen weitere Mitglieder werben und ggf. mit Streiks für ihre Wünsche kämpfen. Eines Abends treffen sich die Arbeiter in einer Gaststätte, um die Gewerkschaft „Initiative Band Sieben (IB7)" zu gründen. Wie beurteilen Sie diese Zusammenkunft? Gelingt die Gewerkschaftsgründung?

Das Recht, Koalitionen zu bilden, ist heute im Grundgesetz, dort in Artikel 9 Abs.3, verankert. Es wird unter dem Stichwort „**Koalitionsfreiheit**" diskutiert. Dieses Grundrecht garantiert, daß sich freie Gewerkschaften oder Arbeitgeberverbände bilden und betätigen können. Es garantiert auch, daß niemand daran gehindert werden darf, der von ihm gewünschten Koalition beizutreten.

Die Koalitionsfreiheit schließt zudem das Recht ein, sich nicht zu organisieren, also überhaupt keiner Koalition beizutreten. Dies wird mit dem etwas seltsam anmutenden Begriff „**negative Koalitionsfreiheit**" umschrieben.

Niemand darf also gezwungen werden, einer Gewerkschaft beizutreten. Auf Nichtmitglieder darf auch kein entsprechender Druck ausgeübt werden. Eine solche Druckausübung wäre etwa der Abschluß eines Tarifvertrags, der dem Arbeitgeber vorschreibt, bestimmte Vergünstigungen nur den Gewerkschaftlern zuzubilligen. Dies ist unzulässig, da die Nichtmitglieder gezwungen wären, in die Gewerkschaft einzutreten, um in den Genuß der Vorteile zu kommen.

Nicht jede Verbindung von Arbeitnehmern oder Arbeitgebern stellt eine Koalition dar. Die Gewerkschaften oder Arbeitgeberverbände müssen bestimmte Voraussetzungen erfüllen:

Bei dem Verband muß es sich um eine freie, auf Dauer angelegte Vereinigung handeln. Zweck des Verbands muß die Verbesserung der wirtschaftlichen oder sozialen Lage durch Einwirken auf die Gegenseite sein.

Um dies ausführen zu können, muß der Verband **gegnerfrei** sein. (Ein Verband, der sowohl Arbeitgeber als auch Arbeitnehmer als Mitglieder hat, ist deshalb keine Koalition.)

Des weiteren muß der Verband finanziell und auch sonst **unabhängig** vom Gegner sein. (Eine Gewerkschaft darf z.B. keine Gelder von der Arbeitgeberseite annehmen.) Eine Koalition darf zudem nicht auf einen Betrieb beschränkt sein. Nur die **überbetriebliche Organisation** gewährleistet ein gesamtwirtschaftliches und gesamtgesellschaftlich sinnvolles Verhalten.

Als letztes muß eine Koalition durch ihre Zahl der Mitglieder und ihre Einstellung über eine gewisse Durchsetzungskraft verfügen, damit sie nicht allein vom guten Willen des Gegenspielers abhängig ist.

Leitsatz 28:
(Rechtliche Merkmale einer Koalition)
Eine Koalition ist ein freier Verband mit dem Ziel der Verbesserung der wirtschaftlichen oder sozialen Lage seiner Mitglieder. Voraussetzung ist dazu die Gegnerfreiheit, die Unabhängigkeit und eine überbetriebliche Organisation. Zudem muß die Koalition eine gewisse Durchsetzungskraft besitzen.

Kommen wir zurück zum **Fall 27**: Aufgrund der Koalitionsfreiheit des Art. 9 Abs.3 GG steht der neuen Gewerkschaftsbildung vom Grundsatz her nichts entgegen. Lassen Sie uns nun prüfen, wie die „IB7" zu den weiteren Voraussetzungen steht.

Wenn sich die „IB7" nicht in irgendwelche Abhängigkeiten begibt, ist sie unabhängig. Des weiteren ist sie gegnerfrei, da sie keine Arbeitgeber in ihren Reihen hat. Ferner muß die „IB7" natürlich offen für die Arbeitnehmer aller Betriebe sein, sonst scheitert sie an dem Voraussetzungskriterium „Überbetrieblichkeit".

Fraglich ist allerdings das Merkmal „Durchsetzungskraft". Mit den Arbeitern eines Bandes hat sie sicher kaum Durchsetzungskraft. Da es sich jedoch um eine neue, im Aufbau befindliche Organisation handelt, dürfen die Ansprüche nicht zu hoch angesetzt werden. Da die Arbeiter jedoch gewillt sind, ggf. zu streiken, können wir von der notwendigen Durchsetzungskraft ausgehen.

Sie sehen, wenn sich die „IB7" nicht in eine Abhängigkeit von den Arbeitgebern oder Dritten begibt und zudem die Überbetrieblichkeit anstrebt, steht einer neuen Gewerkschaft nichts entgegen!

Aufgaben der Gewerkschaften und Arbeitgeberverbände

Die Koalitionen spielen heute eine sehr große Rolle in der Gesellschaft. Ihre Hauptaufgabe ist die eigenständige, vom Staat unabhängige **Organisation des Arbeitslebens**. In erster Linie regeln die Koalitionen dies mit Hilfe von **Tarifverträgen**. Die Organisation erfolgt aber auch durch die beratende und unterstützende Tätigkeit ihren Mitgliedern gegenüber und im Rahmen der verschiedenartigen innerbetrieblichen Mitbestimmung.

Daneben wirken die Koalitionen intensiv an der die Arbeitswelt betreffenden **Gesetzgebung** und an der entsprechenden **hoheitlichen Verwaltung** mit.

Hervorzuheben ist, daß die Gewerkschaften und Arbeitgeberverbände bei allen Gesetzgebungsverfahren, die die Arbeitswelt betreffen, in den beratenden Ausschüssen vertreten sind.

Ihre Mitbestimmmung erfolgt zudem in vielfältiger Form auf unteren Ebenen. Zu denken ist etwa an die Verfahren zur sog. Allgemeinverbindlichkeitserklärung von Tarifverträgen gem. § 5 Tarifvertragsgesetz (TVG) (Erläuterung erfolgt in der nächsten Lektion) oder zur Einrichtung und Führung des Tarifregisters gem. § 11 TVG. Des weiteren werden die Koalitionen vor der Ernennung der Präsidenten und Vorsitzenden Richter der Landesarbeitsgerichte gehört (§ 36 ArbGG).

Schließlich nehmen die Koalitionen zahlreiche Vorschlags- und Entsendungsrechte zu gerichtlichen Spruchkörpern oder zu Verwaltungsbehörden (ehrenamtliche Richter, Organe der Bundesanstalt für Arbeit) wahr.

Leitsatz 29:
> (Gewerkschaften und Arbeitgeberverbände)
>
> Koalition ist der gemeinsame Oberbegriff für Gewerkschaften und Arbeitgeberverbände. Die Freiheit ihrer Bildung und des uneingeschränkten Beitritts wird im Grundgesetz garantiert (Art. 9 Abs.3 GG). Den wenigen überregionalen Gewerkschaften, die in der Mehrzahl im Deutschen Gewerkschaftsbund (DBG) zusammengefaßt sind, stehen eine Vielzahl von regional orientierten Arbeitgeberverbänden gegenüber. Heutige Hauptaufgabe der Koalitionen ist die eigenständige Organisation des Arbeitslebens. Daneben übernehmen sie mitwirkende Aufgaben in der Geetzgebung und in der hoheitlichen Verwaltung.

12. Lektion: Tarifvertrag

Tarifverträge werden in der Regel zwischen den Gewerkschaften auf der einen und den Arbeitgebern auf der anderen Seite ausgehandelt. Sie regeln damit arbeitsrechtliche Fragen, die Arbeitsumstände und insbesondere die Höhe des Arbeitsentgelts.

Tarifverträge nehmen in der Gestaltung des deutschen Arbeitsrechts eine sehr große Bedeutung ein. Jährlich werden ca. 8000 Tarifverträge abgeschlossen. Insgesamt sind ca. 42 000 Tarifverträge in Kraft.

Der Tarifvertrag ist unter die privat-rechtlichen Verträge einzuordnen und unterliegt daher dem allgemeinen Vertragsrecht des BGB (§§ 145 ff). Seine konkrete Regelung erfährt er in den siebzehn Paragraphen des Tarifvertragsgesetzes (TVG). Warum lesen Sie diese nicht schnell einmal durch und verschaffen sich einen Überblick?

Tariffähig, also in der Lage, einen Tarifvertrag abzuschließen, sind gem. § 2 TVG auf der einen Seite Gewerkschaften und andererseits Vereinigungen von Arbeitgebern, aber auch einzelne Arbeitgeber. Zudem besteht gem. § 2 Abs.3 TVG die Möglichkeit, daß auch die jeweiligen Spitzenorganisationen Tarifverträge abschließen.

Tarifverträge werden in der Regel über einen Zeitraum von einem oder mehreren Jahren abgeschlossen. Sie enden je nach Vereinbarung mit Zeitablauf oder mit Kündigung. Teile des Tarifvertrags, die Rechtsnormen (Erklärung unten), gelten allerdings nach Ablauf des Tarifvertrags weiter, bis sie durch neue ersetzt werden (§ 4 Abs. 5 TVG). Die Tarifvertragsparteien nutzen ihre Vertragsfreiheit oft um den Tarifvertrag in einen längerfristigen Mantel- und einen meist jährlich ausgehandelten Lohn- bzw. Gehaltstarifvertrag zu splitten. Dies ist insofern sinnvoll, als verschiedene, meist nichtfinanzielle Punkte eines Tarifvertrags (z.B. Kündigungsfristen) in der Regel nicht der jährlichen Neuverhandlung bedürfen.

Befassen wir uns nun konkret mit dem Inhalt von Tarifverträgen. Er ist in § 1 TVG festgelegt (unbedingt lesen!). Die dort aufgeführten Regelungsbereiche werden zwei unterschiedlichen Ebenen zugeordnet: Der schuldrechtliche Teil regelt die Rechte und Pflichten der Tarifvertragsparteien. Der normative Teil enthält Bestimmungen, die als Rechtsnormen den Inhalt, den Abschluß und die Beendigung von Arbeitsverhältnissen und betriebliche und betriebsverfassungsrechtliche Fragen festsetzen.

Der weniger bedeutsame **schuldrechtliche Teil**, auch obligatorische Bestimmungen genannt, regelt das Verhältnis der Parteien des Tarifvertrags untereinander. Es geht also um die Versprechen, die sich Gewerkschaften und Arbeitgeberverbände direkt geben und nicht um jene Vereinbarung, die sie für ihre Mitglieder treffen. Hervorzuheben sind hierbei die Friedenspflicht (sie bezieht sich auf Arbeitskampfmaßnahmen und wird in Lektion 13 behandelt) und die Einwirkungspflicht (sie gebietet den Parteien des Tarifvertrags, auf ihre Mitglieder dahingehend einzuwirken, daß diese die ausgehandelten Bestimmungen einhalten). Beide Pflichten müssen nicht ausdrücklich vereinbart werden, denn sie sind dem Tarifvertrag immanent.

Die Tarifvertragsparteien vereinbaren untereinander zudem auch verschiedene Selbstpflichten, etwa die Einrichtung von Schieds- und Schlichtungsstellen.

Für die Mitglieder von größerem Interesse sind die zwischen den Tarifvertragsparteien ausgehandelten **normativen Bestimmungen**. Sie regeln – wie gesetzliche Bestimmungen – die Bedingungen der einzelnen Arbeitsverhältnisse und der Situation im Betrieb. Die Normen werden wie folgt differenziert:

a) **Inhaltsnormen** (§ 4 Abs.1 TVG) bestimmen den Inhalt des einzelnen Arbeitsverhältnisses. Darunter fallen etwa die Zeit- und Akkordlöhne, die Zulagen (Weihnachtsgeld etc.), der Urlaub oder die Arbeitszeit.

b) **Abschlußnormen** (§ 4 Abs.1 TVG) betreffen den Abschluß von Arbeitsverträgen, also die Formvorschriften (Schriftform etc.) oder Abschlußgebote (Wiedereinstellung nach Arbeitskampf).

c) **Normen über betriebliche Fragen** (Betriebsnormen; § 3 Abs.2 TVG) bestimmen Regelungen, die den Arbeitgeber zu Maßnahmen verpflichten, die der gesamten Belegschaft oder einer kleineren Gruppe zugute kommen. Dies sind insbesondere die Einrichtung und Unterhaltung von Sozialeinrichtungen, wie etwa Waschmöglichkeiten, Umkleideräume oder Aufenthaltsmöglichkeiten.

d) **Betriebsverfassungsrechtliche Normen** (§ 3 Abs. 2 TVG) bestimmen einige Fragen der Angelegenheiten der Betriebsverfassung (Zur Betriebsverfassung siehe Lektion 14)

c) **Normen über gemeinsame Einrichtungen** (§ 4 Abs. 2 TVG) regeln Einzelheiten über derartige Einrichtungen. Hier kommen z.B. Zusatzversorgungskassen, überbetriebliche Ausbildungsstätten oder die Benutzung eines Betriebserholungsheims in Frage.

Die aufgeführten Normen gelten als materielles Recht **zwingend und unmittelbar** für die Tarifgebundenen. Sie können also nicht zuungunsten des Arbeitnehmers abbedungen werden und erfassen automatisch die entsprechenden Arbeitsverhältnisse.

Günstigkeitsprinzip

FALL 28: Der Arbeitnehmer A vergleicht seinen Arbeits- und seinen Tarifvertrag und stellt dabei interessante Unterschiede fest: Im Arbeitsvertrag sind 28 Tage Urlaub und ein Urlaubsgeld von 30,– DM pro Tag vereinbart. Sein Tarifvertrag hingegen sieht nur einen Urlaub von 21 Tagen jedoch ein Urlaubsgeld von 40,– DM vor. Darüber hinaus unterscheidet sich auch die Höhe des Weihnachtsgeldes. Im Arbeitsvertrag sind 300,– DM und im Tarifvertrag 500,– DM vereinbart. A möchte natürlich 28 Tage Urlaub, 40,– DM Urlaubsgeld und 500,– DM Weihnachtsgeld haben. Sprechen Sie ihm dies zu?

Ein Tarifvertrag ist – wie dargestellt – zwingend. Der Arbeitgeber darf die dort ausgehandelten Bedingungen nicht unterschreiten. Der Tarifvertrag stellt daher sozusagen die **Mindestbedingungen** dar. Der Arbeitnehmer darf also weder unter Tarif bezahlt werden, noch dürfen die anderen Arbeitsbedingungen schlechter sein als die des Tarifvertrags.

Für den Arbeitnehmer bedeutet dies, daß er, unabhängig davon, wie sein Arbeitsvertrag lautet, immer mindestens die tariflichen Bedingungen erhält.

Sind in seinem Arbeitsvertrag allerdings bessere Bedingungen vereinbart, so gelten natürlich diese. Es ist nicht Sinn des Tarifvertrags ihn zu benachteiligen. Der Arbeitnehmer erhält also immer die für ihn besseren Bedingungen. Diese Systematik wird „**Günstigkeitsprinzip**" genannt.

Liegt der **Fall 28** nun klar auf der Hand? Bekommt A, was er sich wünscht? Aufgepaßt, so schnell geht das nun auch wieder nicht. A kann sich nicht in allen Punkten nur das Beste herauspicken (Rosinentheorie). Die Regelungen sind immer in ihrem vollständigen Zusammenhang miteinander zu vergleichen. Wir müssen also die Urlaubsregelungen insgesamt nebeneinander stellen. Was ist nun höher zu bewerten? 28 Tage Urlaub mit 30,– DM Urlaubsgeld (Arbeitsvertrag) oder 21 Tage mit 40,– DM (Tarifvertrag)? Bei der Bewertung ist nun nicht auf die speziellen Vorlieben des A abzustellen, sondern darauf, wie ein verständiger Arbeiter die Regelung einschätzen würde. Dieser würde sicher den Arbeitsvertrag vorziehen. A erhält also seine 28 Tage, jedoch auch nur 30,– DM.

Anders verhält es sich beim Weihnachtsgeld. Hier handelt es sich um einen eigenständigen Bereich, so daß A die günstigere Lösung, also die 500,– DM des Tarifvertrags erhält.

Tarifgebundenheit und Allgemeinverbindlicherklärung (AVE)

FALL 29: Der Sekretärin S ist aus betrieblichen Gründen (zu Recht) gekündigt worden. Ihr Arbeitgeber hat dabei die Frist des § 622 Abs.1 BGB von sechs Wochen zum Quartalsende gerade noch eingehalten. Im Tarifvertrag, der für den Betrieb einschlägig ist, wird allerdings eine Kündigungsfrist von zwei Monaten zum Quartalsende vorgeschrieben. S würde sich gerne auf diese Kündigungsfrist berufen und so noch drei Monate länger arbeiten, doch sie ist leider kein Gewerkschaftsmitglied. Erkennen Sie Möglichkeiten, um ihr zu helfen?

Der Tarifvertrag gilt gem. § 3 TVG nur für die Mitglieder der Tarifvertragsparteien. Dies sind die entsprechenden Arbeitgeber und die Gewerkschaftsmitglieder. Grundsätzlich gelten demnach die Vereinbarungen des Tarifvertrags nicht für Arbeitnehmer außerhalb der Gewerkschaft. Dieser Grundsatz ist jedoch sehr durchlöchert.

Zwar steht es dem Arbeitgeber frei, die Nichtmitglieder zu benachteiligen, in der Regel werden die tariflichen Arbeitsbedingungen jedoch auf alle Arbeitnehmer angewandt. Diese Gleichbehandlung ist wohl überlegt: Eine schlechtere Behandlung der Nichtmitglieder würde diese mit dem Wunsch nach den Vorzügen geradezu in die Arme der Gewerkschaften treiben. Im Endergebnis hätte der Arbeitgeber nicht einmal Einsparungen, zudem wären alle Arbeitnehmer in der Gewerkschaft. Eine solche Stärkung des Gegners wollen die Arbeitgeber nun wirklich nicht.

Zum Teil wird der Tarifvertrag auch von Arbeitgeber und Arbeitnehmer direkt zum Bestandteil des Arbeitsvertrags gemacht. Es heißt dann etwa: „Es finden die Regelungen des jeweils gültigen Tarifvertrags Anwendung." Findet sich eine solche Klausel im Arbeitsvertrag, so ist natürlich unerheblich, ob die Arbeitsvertragsparteien in ihren Koalitionen organisiert sind oder nicht.

Des weiteren gelten gem. § 3 Abs.2 TVG alle Rechtsnormen, die betriebliche oder betriebsverfassungsrechtliche Fragen regeln, ohnehin für alle Betriebe, in denen der Arbeitgeber tarifgebunden ist. Es wäre nicht praktikabel, hier nach Gewerkschaftszugehörigkeit zu trennen.

Die Frage der Mitgliedschaft ist für Arbeitnehmer und Arbeitgeber völlig unerheblich, wenn ein Tarifvertrag für allgemeinverbindlich erklärt wird. In diesem Fall kann sich keine Seite der Geltung entziehen, da der Tarifvertrag automatisch für alle gilt. Die **Allgemeinverbindlicherklärung (AVE)** ist in der Praxis von großer Bedeutung. So sind derzeit über 500 Tarifverträge allgemeinverbindlich. Sie betreffen die Arbeitsverhältnisse von über 5,5 Millionen Arbeitnehmern (Stand 1991).

Die AVE erfolgt durch den Bundesminister für Arbeit und Sozialordnung im Zusammenwirken mit den entsprechenden Koalitionen (§ 5 TVG).

Zweck der Allgemeinverbindlicherklärung ist es, der Gefahr entgegenzuwirken, daß auf weiter Flur untertariflich bezahlte Arbeitsverhältnisse geschlossen werden.

Es liegt auf der Hand, daß Arbeitgeber lieber nicht so viel Geld für ihre Arbeitnehmer ausgeben und daher gern untertariflich zahlen würden. Zu diesem Zweck könnten sie aus den Arbeitgeberverbänden austreten oder gar nicht erst eintreten und so – ungebunden durch den Tarifvertrag – ihre Arbeitnehmer unter Tarif bezahlen. Die tarifgebundenen Arbeitgeber wären dann benachteiligt, da diese mit den höheren Lohnkosten nicht voll konkurrenzfähig wären.

Um einer solchen Situation entgegenzutreten, und alle Arbeitsverhältnisse im Geltungsbereich des Tarifvertrags diesem zu unterwerfen, erfolgt die Allgemeinverbindlicherklärung. Damit werden die Ausgangssituationen im Wettbewerb wieder angeglichen.

Kommen wir nun zu **Fall 29**: Welche Chancen hat S, in den Genuß der tarifvertraglichen Regelungen zu kommen?

Die erste Möglichkeit, daß der Arbeitgeber den Tarifvertrag freiwillig anwendet, kommt in diesem streitigen Fall wohl kaum in Frage. Ihre Chancen bestehen deshalb darin, daß sich entweder die Geltung des Tarifvertrags aus dem Arbeitsvertrag ergibt oder daß der Tarifvertrag für allgemeinverbindlich erklärt wurde. Ihre Aussichten stehen damit – statistisch gesehen – allerdings gar nicht so schlecht!

Leitsatz 30:
   (Tarifgebundenheit und Allgemeinverbindlicherklärung (AVE))

   Tarifverträge finden im Grundsatz nur für die jeweiligen Mitglieder Anwendung. Dieser Grundsatz ist jedoch sehr verwässert.
   1) In den Betrieben erhalten regelmäßig auch die Nichtmitglieder auf freiwilliger Grundlage die Tarifvertragsbedingungen.
   2) Oft wird die Gültigkeit des Tarifvertrags im Arbeitsvertrag festgeschrieben.
   3) Betriebliche und betriebsverfassungsrechtliche Normen gelten gem. § 3 Abs.2 TVG schon in dem Fall, in dem nur der Arbeitgeber tarifgebunden ist.
   4) Einige Tarifverträge sind vom Bundesminister für Arbeit und Sozialordnung gem. § 5 TVG für allgemeinverbindlich erklärt worden. Sie gelten damit automatisch für alle Arbeitsverhältnisse im Tarifbereich.

13. Lektion: Arbeitskampf

Arbeitskämpfe sind Auseinandersetzungen, die von Arbeitgebern oder Arbeitgeberverbänden und Arbeitnehmern oder Gewerkschaften gegeneinander um Löhne und sonstige Arbeitsbedingungen geführt werden. Die Seiten bekämpfen sich in erster Linie mit Streik und Aussperrung.

Bei einem **Streik** weigern sich die Arbeitnehmer, ihre Arbeit zu verrichten. Entweder bleiben sie zu Haus oder sie kommen zum Betrieb, aber arbeiten nicht. Oft werden Streikposten vor den Toren der bestreikten Betriebe aufgestellt. Sie sollen Arbeitswillige (Streikbrecher) veranlassen, sich dem Streik anzuschließen. Dabei müssen sich die Streikposten jedoch davor hüten, Nötigungen zu begehen. Sie müssen z.B. eine Gasse lassen und dürfen keine Tätlichkeiten begehen.

Bei der **Aussperrung** verweigert der Arbeitgeber seinen Arbeitnehmern den Zutritt zum Betrieb und hindert sie damit an der Aufnahme ihrer Arbeit. Für die Zeit der Aussperrung zahlt er auch keinen Lohn.

Im Arbeitskampfrecht fehlt es fast völlig an gesetzlichen Regelungen. Die rechtlichen Grundsätze beruhen auf gerichtlichen Entscheidungen. Es gilt also das sog. Richterrecht.

Im Arbeitskampfrecht dreht sich alles um die eine Frage, ob Arbeitskämpfe ganz oder in ihren einzelnen Maßnahmen rechtmäßig oder ob sie rechtswidrig geführt wurden.

Streik

FALL 30: Die Tarifverhandlungen zwischen der Gewerkschaft G und dem entsprechenden Arbeitgeberverband kommen ein wenig ins Stocken. Zwar ist der alte Tarifvertrag schon abgelaufen, in Bezug auf die Lohnhöhe zeichnet sich jedoch immer noch keine Einigung ab. Um ihre Streikbereitschaft zu demonstrieren, ruft die Gewerkschaft ihre Mitglieder zum Streik. Er soll am Vortag des nächsten Verhandlungstermins von 10.00 – 11.00 Uhr durchgeführt werden. Ist dies rechtmäßig?

FALL 31: Gewerkschaft und Arbeitgeberverband schließen nach längeren Verhandlungen einen Tarifvertrag. Dieser sieht neben einer relativ hohen Entgeltsteigerung auch eine neue Arbeitszeitregelung vor. Die Arbeitnehmer AR in der Abfüllanlage einer davon betroffenen Brauerei ärgern sich sehr über die – für sie schlechtere – Arbeitszeitregelung. In ihrer Wut legen sie die Arbeit nieder, um für die alte Arbeitszeitregelung zu streiten. Der Arbeitgeber droht ihnen daraufhin mit fristlosen Kündigungen. Ist der Arbeitgeber Ihrer Meinung nach dazu berechtigt?

Streik ist die gemeinsam und planmäßig durchgeführte, auf ein bestimmtes Ziel gerichtete Arbeitseinstellung durch eine größere Anzahl von Arbeitnehmern innerhalb eines Betriebs oder eines Gewerbe- oder Berufszweigs, verbunden mit dem Willen, die Arbeit wieder fortzusetzen, wenn der Arbeitskampf beendet ist.

Die grundsätzliche Zulässigkeit von Streiks (wie auch von Aussperrungen) ergibt sich aus Art. 9 Abs. 3 GG. Dort sind die Arbeitskämpfe zwar nicht direkt erwähnt, ihre Statthaftigkeit leitet sich jedoch aus der Bestandsgarantie für Koalitionen ab: Werden Koalitionen erlaubt, so ist dies nur vollständig, wenn auch ihre typische Betätigung, der Arbeitskampf, zulässig ist. Der Streik ist jedoch nicht grundsätzlich für jeden oder jede Gruppierung erlaubt. Die Rechtmäßigkeit unterliegt verschiedenen Anforderungen:

- Gestreikt werden darf **nur** von **Tarifparteien**, also von Gewerkschaften. Jeder anderen Gruppierung ist dies verboten.
- Ziel eines Streiks muß ein **neuer Tarifvertrag** sein. Für andere, etwa für politische, Ziele, darf nicht gestreikt werden.
- Ein Streik darf nicht in die Zeit der **Friedenspflicht** fallen. Aufgrund der Friedenspflicht ist jeder Arbeitskampf während der Laufzeit eines Tarifvertrags verboten.

Zum Streik darf nur als allerletztes Mittel gegriffen werden (**Ultima ratio-Prinzip**). Dies setzt u.a. voraus, daß keine Einrichtung zur Entscheidung des Konflikts mehr besteht und daß alle Möglichkeiten einer friedlichen Einigung ausgeschöpft wurden.

Nun können wir schon die Frage aus **Fall 30** lösen. Hervorzuheben ist, daß die Tarifverhandlungen noch nicht abgeschlossen waren. Hat hier die Gewerkschaft G ihre Friedenspflicht verletzt? Nein, dies wäre nur der Fall, wenn der Tarifvertrag – anders als hier – noch nicht ausgelaufen wäre und daher die Friedenspflicht noch bestanden hätte. Der Streik während der laufenden Tarifverhandlungen verstößt jedoch möglicherweise gegen die Pflicht, ihn erst als letztes Mittel (Ultima ratio) einzusetzen. Dazu müssen Sie wissen, daß kurze Streiks, bis etwa 2 Stunden, während der Tarifverhandlungen als sog. **Warnstreiks** erlaubt sind. Sie beschleunigen den Abschluß von Tarifverträgen. Der Streik der Gewerkschaft G, der nur eine Stunde dauern soll, verstößt als Warnstreik also nicht gegen das Ultima ratio-Prinzip und ist damit zulässig.

Zu besprechen sind nun die **Rechtsfolgen** eines Streiks.

War der Streik rechtmäßig, so werden die einzelnen Arbeitsverhältnisse zum Ruhen gebracht. Es entfällt gegenseitig die Arbeits- und die Lohnzahlungspflicht. Die Niederlegung der Arbeit durch den Arbeitnehmer ist somit berechtigt. Im Gegenzug entfällt allerdings die Pflicht des Arbeitgebers zur Zahlung des Arbeitsentgelts. Der Ausfall wird den Gewerkschaftsmitgliedern jedoch von ihrer Gewerkschaft ersetzt. Nach Beendigung des Streiks leben die Pflichten der Parteien ohne erneute Maßnahmen wieder auf. Dabei besteht das alte Arbeitsverhältnis fort, es wird nicht etwa ein neues begründet.

Kommt es jedoch zu einem unrechtmäßigen Streik, so bestehen neben dem

Unterlassungsanspruch auch Schadensersatzansprüche der Arbeitgeber gegen die Gewerkschaft. Sie stützen sich auf die positive Vertragsverletzung und auf § 823 Abs.2 BGB (eingerichteter und ausgeübter Gewerbebetrieb). Dabei haben die Gewerkschaften entsprechend § 31 BGB das schädigende Verhalten ihrer Organe unmittelbar zu vertreten. Sind Ihnen diese Anspruchsgrundlagen nicht bekannt, so sollten Sie nicht versäumen, diese in einem BGB Lehrbuch nachzulesen (z.B. Nawratil, BGB leicht gemacht, Lektion 6).

Der an einem widerrechtlichen Streik beteiligte Arbeitnehmer braucht normalerweise jedoch keine Angst zu haben. Schadensersatzpflichten oder eine Kündigung drohen ihm nicht, da er jedenfalls bei einem gewerkschaftlichen Streik davon ausgehen konnte, daß dieser rechtmäßig war. Bei der Teilnahme am Streik hat er somit im Tatbestands- oder Verbotsirrtum gehandelt.

Anders lag der Sachverhalt jedoch in **Fall 31**. Hier streikten die Arbeitnehmer AR, ohne von der Gewerkschaft aufgerufen worden zu sein. Sie streikten sogar gegen den Tarifvertrag. Ein solcher Streik ist ein **wilder Streik**. Die Arbeitnehmer haften voll für ihre Handlungen. Sie machen sich schadensersatzpflichtig und verletzen den Arbeitsvertrag. Ein wilder Streik rechtfertigt damit eine außerordentliche Kündigung. Die Arbeitnehmer können sich nicht auf die Gewerkschaft berufen. Die Drohung des Arbeitgebers mit der fristlosen Kündigung gegen die AR erfolgt also zu Recht, da sie sich an einem wilden Streik beteiligten.

U.U. kann sich jedoch eine Gewerkschaft einen wilden Streik zu eigen machen, insbesondere wenn sie nicht zur gleichen Zeit unter Friedenspflicht steht. Damit verhilft sie den Streikenden ab Übernahme zur Rechtmäßigkeit ihrerer Kampfmaßnahmen.

Leitsatz 31:

(Streik)

Streik ist die gemeinsam und planmäßig durchgeführte, auf ein bestimmtes Ziel gerichtete Arbeitseinstellung durch eine größere Anzahl von Arbeitnehmern innerhalb eines Betriebs oder eines Gewerbe- oder Berufszweigs, verbunden mit dem Willen, die Arbeit wieder fortzusetzen, wenn der Arbeitskampf beendet ist.

Streiks sind nur rechtmäßig, wenn sie von Gewerkschaften zur Durchsetzung der Forderung zum Abschluß eines Tarifvertrags geführt werden. Die Gewerkschaften müssen die Friedenspflicht und das Ultima ratio-Prinzip beachten. Ein rechtmäßiger Streik führt zum

Ruhen des Arbeitsverhältnisses. Es lebt nach der Beendigung wieder auf.

Ein rechtswidriger Streik, zu dem die Gewerkschaften aufgerufen haben, führt zu Unterlassungs- und Schadensersatzpflichten der Gewerkschaft. Der Arbeitnehmer hingegen kann sich darauf berufen, er habe geglaubt, der Streik sei rechtmäßig. Anders verhält es sich jedoch beim wilden, nicht von der Gewerkschaft organisierten oder gebilligten Streik. Hier ist der Arbeitnehmer selbst voll verantwortlich. Er muß mit Schadensersatzforderungen und einer außerordentlichen Kündigung rechnen.

Aussperrung

Die Aussperrung ist, zumindest von der Theorie her, zu unterteilen in die Angriffs- und die Abwehraussperrung. Die Angriffsaussperrung, eine Aussperrung als Auftakt eines Arbeitskampfes, ist in der Bundesrepublik Deutschland bisher nicht vorgekommen. Die Angriffsaussperrung unterliegt zwar grundsätzlich den gleichen Voraussetzungen wie der Streik. Tatsächlich dürfte sie jedoch nur in sehr extremen Ausnahmefällen jemals rechtmäßig sein. Dies ist aus den im folgenden aufgezeigten Voraussetzungen für die Abwehraussperrung zu folgern.

Die **Abwehraussperrung** erfolgt als Antwort auf einen Streik. Sie ist nur so weit erlaubt, als von der Arbeitgeberseite das Prinzip der Verhältnismäßigkeit gewahrt wird.

Ziel der Aussperrung muß es sein, die Verhandlungsparität von Gewerkschaft und Arbeitgebern wieder herzustellen. Sie wird in der Regel dadurch gestört, daß die Gewerkschaften nur zu einem Teilstreik, etwa für 20% der Arbeitnehmer eines Tarifgebiets, aufrufen. Dies schwächt die Arbeitgeber typischerweise sehr, da bestreikte und nichtbestreikte Betriebe in eine starke Konkurrenzsituation untereinander gedrängt werden. Hiergegen dürfen sich die Arbeitgeber mit einer Aussperrung bis zur Höhe von etwa 50 % der Arbeitnehmer eines Tarifgebiets wehren.

Eine rechtmäßige Aussperrung führt zum Ruhen des Arbeitsverhältnisses. Bei einer rechtswidrigen Aussperrung entsteht ein Anspruch auf Unterlassung. Zudem wird der Arbeitgeber nicht von seiner Lohnzahlungspflicht befreit.

Leitsatz 32:

(Aussperrung)

Ziel einer (Abwehr-)Aussperrung ist die Wiederherstellung der Verhandlungsparität. Dabei ist der Grundsatz der Verhältnismäßigkeit zu wahren. Während der Aussperrung kommt das Arbeitsverhältnis nur zum Ruhen. War die Aussperrung rechtswidrig, so besteht ein Anspruch auf Unterlassung und auf Lohnzahlung.

14. Lektion: Betriebsrat

Früher hatten die Arbeitnehmer keinerlei Mitbestimmungsrechte. Es herrschte der Grundsatz: der Arbeitgeber ist Herr im Haus und er darf bestimmen. Inzwischen haben sich die Arbeitnehmer das Recht erkämpft, in verschiedenen Bereichen des Betriebs mitzuentscheiden oder zumindest bei den Willensbildungsvorgängen beteiligt zu werden.
Es existiert eine Vielzahl von Instrumenten zur Mitbestimmung. Viele davon sind im wichtigsten Gesetz, dem Betriebsverfassungsgesetz (BetrVG, gesprochen: „BetterVauGe") geregelt, einige finden sich in eigenständigen Gesetzen. Im Schlaglicht der Arbeitnehmermitbestimmung steht der Betriebsrat, dessen Aufgaben und Befugnisse im Betriebsverfassungsgesetz geregelt sind. Wir beschäftigen uns dementsprechend in erster Linie mit dieser Institution. Die weiteren Mitbestimmungsmöglichkeiten werden im Anschluß kurz dargestellt.

Betriebsrat

Der Betriebsrat ist ein Organ der Arbeitnehmer eines Betriebs, das in verschiedenen Angelegenheiten des Betriebs mitwirkt und mitbestimmt.
Er ist, und dies ist sehr ungewöhnlich, weder rechts- noch vermögensfähig. Der Betriebsrat kann also nicht auf Zahlung oder anderes verklagt werden und verfügt über keine eigenen Geldmittel. Seine Beteiligung an gerichtlichen Rechtsstreiten ist damit auf das gesondert geregelte Beschlußverfahren vor den Arbeitsgerichten beschränkt (zu den Einzelheiten des Beschlußverfahrens siehe Lektion 15). Alle (erforderlichen) Ausgaben des Betriebsrats muß der Arbeitgeber übernehmen (Bücher, Kopierer, pikanterweise aber

auch Rechtsanwaltskosten in Beschlußverfahren gegen ihn). Der Betriebsrat tritt daher dem Arbeitgeber nicht als rechtsgeschäftliche Vertretung der Arbeitnehmer, sondern lediglich zur Geltendmachung von Arbeitnehmerinteressen, entgegen.

Der Betriebsrat wird in Betrieben mit mehr als 5 regelmäßig beschäftigten Arbeitnehmern für einen Zeitraum von vier Jahren gewählt (§§ 7ff BetrVG). Seine Größe ist von der Anzahl der wahlberechtigten Arbeitnehmer abhängig. Bei 5 bis 20 Arbeitnehmern besteht er nur aus einer Person, bei 7001 bis 9000 Arbeitnehmern sind es schon 31 Betriebsratsmitglieder. Die genaue Anzahl geht aus § 9 BetrVG hervor. Vergleichen Sie hierzu die Übersicht 8.

Übersicht 8:
Anzahl der Betriebsratsmitglieder (§ 9 BetrVG)

Betriebsgröße (Anzahl der wahlberechtigten Arbeitnehmer)	Betriebsratsmitglieder
5 bis 20	1 (Obmann)
21 bis 50	3
51 bis 150	5
151 bis 300	7
301 bis 600	9
601 bis 1000	11
1001 bis 2000	15
2001 bis 3000	19
3001 bis 4000	23
4001 bis 5000	27
5001 bis 7000	29
7001 bis 9000	31

In Betrieben mit mehr als 9000 wahlberechtigten Arbeitnehmern erhöht sich die Zahl der Mitglieder des Betriebsrats für je angefangene weitere 3000 Arbeitnehmer um je zwei Mitglieder.

Das Verfahren zur Wahl des Betriebsrats ist außerordentlich kompliziert und formalisiert. Die demokratischen Anforderungen an ein solches Verfahren werden im Betriebsverfassungsgesetz bis in alle Einzelheiten ausformuliert. Es ist daher nur sehr schwer nachzuvollziehen und kaum in allen Einzel-

heiten zu befolgen. Lesen Sie am besten selbst – es steht in den §§ 14 ff BetrVG.
Die **Betriebsräte** führen ihr Amt unentgeltlich aus (§ 37 Abs.1 BetrVG). Sie erhalten also keine Vergütung für ihre Tätigkeit. Allerdings sind sie für die Zeit der Amtstätigkeit unter Weiterzahlung der Bezüge von der Arbeit befreit, so daß sie die Betriebsratstätigkeit nicht in ihrer Freizeit ausüben müssen (§ 37 Abs.2 BetrVG). Sind im Betrieb mehr als 300 Arbeitnehmer beschäftigt, so wird ein kleiner Teil von ihnen völlig von der Arbeit freigestellt (§ 38 BetrVG). Ihre Arbeit, für die sie bezahlt werden, ist dann quasi die Wahrnehmung der Aufgaben des Betriebsrats. Dies ist nicht immer unproblematisch. Insbesondere eine spätere Eingliederung in die Arbeitsabläufe ist oft schwierig. Zur Freistellung sehen Sie bitte die Übersicht 9.

Übersicht 9:
  Berufliche Freistellung von Betriebsratsmitgliedern

Betriebsgröße	Anzahl der freizustellenden Betriebsratsmitglieder
300 bis 600	1
601 bis 1000	2
1001 bis 2000	3
2001 bis 3000	4
3001 bis 4000	5
4001 bis 5000	6
5001 bis 6000	7
6001 bis 7000	8
7001 bis 8000	9
8001 bis 9000	10
9001 bis 10000	11

In Betrieben mit mehr als 10000 Arbeitnehmern ist für je angefangene weitere 2000 Arbeitnehmer ein weiteres Betriebsratsmit-glied von der beruflichen Tätigkeit freizustellen.

Die Betriebsräte sind (wie alle Wahlbewerber und Mitglieder von Organen des Betriebsverfassungsgesetzes) nur sehr **schwer kündbar**. Eine ordentliche Kündigung ist grundsätzlich unwirksam. Dem Betriebsrat kann jedoch außerordentlich gekündigt werden. Erforderlich ist hierfür allerdings zum einen das Vorliegen eines wichtigen Grundes, der zur Kündigung ohne Einhaltung einer Kündigungsfrist berechtigt (vgl. Lektion 8), und zum anderen die Zustimmung des Betriebsrats (§ 15 KSchG u. § 103 BetrVG). Diese Zustimmung kann allerdings auch vom Arbeitsgericht ersetzt werden (§ 103 Abs. 2 BetrVG). Diese Möglichkeit ist nicht unwichtig, da die Zustimmung des Betriebsrats zur Kündigung eines ihrer Mitglieder durchaus problematisch ist.

Sinn des besonderen Kündigungsschutzes ist es, den Betriebsräten die Chance zu geben, ihre Arbeit ohne Angst vor Entlassung und damit frei und unabhängig auszuführen.

Das Verhältnis von Betriebsrat und Arbeitgeber ist gekennzeichnet von den Aufgaben, die der Betriebsrat wahrzunehmen hat, und von seinen Möglichkeiten, sich durchzusetzen. Gebot beider Parteien ist es dabei, vertrauensvoll und zum Wohle der Arbeitnehmer zusammenzuarbeiten (§ 2 Abs. 1 BetrVG). Hieraus läßt sich das einfachste Recht des Betriebsrats, das Fragerecht, ableiten. Demnach hat der Betriebsrat das Recht, in allen Dingen, die den Betrieb betreffen, Fragen zu stellen, die der Arbeitgeber auch zu beantworten hat.

Die allgemeinen Aufgaben des Betriebsrats sind in den 7 umfangreichen Punkten des § 80 Abs.1 BetrVG aufgeführt. Demnach hat er etwa darüber zu wachen, daß die zugunsten der Arbeitnehmer geltenden Gesetze und Tarifverträge eingehalten werden, oder er muß die Beschäftigung älterer Arbeitnehmer im Betrieb fördern. Lesen Sie die dort aufgeführten Aufgaben nach, sie vermitteln einen guten Überblick!

Die spezielle Mitbestimmung des Betriebsrats läßt sich in vier Bereiche aufteilen. Sie erfolgt

– in sozialen Angelegenheiten
– bei der Gestaltung von Arbeitsplatz, Arbeitsablauf und Arbeitsumgebung
– in personellen Angelegenheiten und
– in wirtschaftlichen Angelegenheiten,

wobei die soziale Mitbestimmung den Kernbereich darstellt.

Die Mitbestimmung in sozialen Angelegenheiten ist in den §§ 87 – 91 BetrVG geregelt. Bei der sozialen Mitbestimmung wird unterschieden zwischen einem zwingenden und einem freiwilligen Bereich.

Im Bereich der zwingenden, auch obligatorisch genannten, Mitbestimmung kann der Arbeitgeber ohne Zustimmung des Betriebsrats nicht handeln. Kommt keine Einigung zustande, so entscheidet eine Einigungsstelle (§ 87

Abs.2 BetrVG). Sie wird von Arbeitgeberseite und Betriebsrat bei Bedarf gebildet (§ 76 BetrVG).

Die zwingende soziale Mitbestimmung wird in § 87 Abs.1 BetrVG abschließend aufgezählt. Er enthält insgesamt 12 Punkte, die jeweils umfangreiche Sektionen aufzeigen. Der Betriebsrat hat etwa mitzubestimmen bei Beginn und Ende der täglichen Arbeitszeit einschließlich der Pausen, sowie bei der Verteilung der Arbeitszeit auf die einzelnen Wochentage, bei der Aufstellung des Urlaubsplans und bei der Aufstellung der Grundsätze über das betriebliche Verbesserungsvorschlagswesen. Sehen Sie dazu die Übersicht 10.

In der Praxis von großem Gewicht ist die in § 87 Abs.1 Nr.1 BetrVG festgelegte Mitbestimmung in Fragen der Ordnung des Betriebs. Hiermit sind allerdings nicht die Maßnahmen der arbeitstechnischen Einrichtungen und Organisationen des Betriebs gemeint. Diese liegt allein in den Händen des Arbeitgebers. Zur Ordnung im Sinn des § 87 BetrVG zählt nur die äußere Ordnung des Betriebs, sowie das Zusammenwirken und das Verhalten der Arbeitnehmer im Betrieb.

Wir haben also zu differenzieren zwischen Anordnungen und Maßnahmen, die zur ordnungsgemäßen Erbringung der Arbeit notwendig sind und deshalb vom Arbeitgeber allein bestimmt werden und solchen, die die Ordnung des Betriebs im Sinn des § 87 BetrVG betreffen und deshalb mitbestimmungspflichtig sind.

Dazu der

FAll 32: In einem Werk eines großen Computerherstellers plant die Geschäftsleitung verschiedene Veränderungen für die nächste Zeit.

a) In der Kantine soll ein vegetarisches Essen eingeführt werden.

b) Es wird geplant, auf den Gängen der Verwaltung ein Rauchverbot zu erlassen.

c) Die Anwesenheit der Angestellten soll mittels elektronisch lesbarer Erkennungskarte erfaßt werden.

d) Die Arbeiter in der großen Montagehalle sollen entsprechend der Arbeitsschutzvorschriften Helme tragen, um gegen fallende Teile geschützt zu sein.

e) Die Getränkeautomaten sollen auch alkoholfreies Bier enthalten.

f) Die erste Reihe des Firmenparkplatzes soll den leitenden Angestellten vorbehalten werden.

g) Am Montageband 1 soll ein neu entwickelter Personalcomputer produziert werden.

Was glauben Sie, in welchen Punkten hat der Betriebsrat ein Recht auf Mitbestimmung? Die Frage ist, wie oben dargelegt, welche Maßnahmen zur ordnungsgemäßen Arbeitserbringung notwendig sind (keine Mitbestimmung) und welche nicht (Mitbestimmung).

Kantine und Bier sind sicher zur ordnungsgemäßen Arbeitserbringung nicht notwendig. Auch die Parkplatzfrage, das Rauchverbot und die Form der Arbeitszeiterfassung berühren die Arbeitserbringung nur nebenbei. Diese Punkte unterliegen also alle der Mitbestimmung. Wie steht es jedoch mit der Helmpflicht? Dies ist eine Frage des Gesundheitsschutzes, die – soweit entsprechende Vorschriften den Arbeitgeber zwingen – nicht mitbestimmungspflichtig ist. Anweisungen darüber, welche Geräte am Band 1 produziert werden, gehören in den Bereich des produktionstechnischen Ablaufs. Dieser ist als Voraussetzung zur ordnungsgemäßen Erbringung der Arbeit mitbestimmungsfrei. (Lösung: a,b,c,e,f sind mitbestimmungspflichtig; d,g nicht.)

Übersicht 10:
Die zwingenden Mitbestimmungsrechte in sozialen Angelegenheiten
(§ 87 Abs.1 BetrVG)

1. Fragen der Ordnung des Betriebs und des Verhaltens der Arbeitnehmer im Betrieb
2. Beginn und Ende der täglichen Arbeitszeit einschließlich der Pausen, sowie Verteilung der Arbeitszeit auf die einzelnen Wochentage
3. vorübergehende Verkürzung oder Verlängerung der betriebsüblichen Arbeitszeit
4. Zeit, Ort und Art der Auszahlung der Arbeitsentgelte
5. Aufstellung allgemeiner Urlaubsgrundsätze und des Urlaubsplans sowie die Festsetzung der zeitlichen Lage des Urlaubs für einzelne Arbeitnehmer, wenn zwischen dem Arbeitgeber und den beteiligten Arbeitnehmern kein Einverständnis erzielt wird
6. Einführung und Anwendung von technischen Einrichtungen, die dazu bestimmt sind, das Verhalten oder die Leistung der Arbeitnehmer zu überwachen
7. Regelungen über die Verhütung von Arbeitsunfällen und Berufskrankheiten, sowie über den Gesundheitsschutz im Rahmen der gesetzlichen Vorschriften oder der Unfallverhütungsvorschriften
8. Form, Ausgestaltung und Verwaltung von Sozialeinrichtungen, deren Wirkungsbereich auf den Betrieb, das Unternehmen oder den Konzern beschränkt ist

9. Zuweisung und Kündigung von Wohnräumen, die den Arbeitnehmern mit Rücksicht auf das Bestehen eines Arbeitsverhältnisses vermietet werden, sowie die allgemeine Festlegung der Nutzungsbedingungen
10. Fragen der betrieblichen Lohngestaltung, insbesondere die Aufstellung von Entlohnungsgrundsätzen und die Einführung und Anwendung von neuen Entlohnungsmethoden, sowie deren Änderung
11. Festsetzung der Akkord- und Prämiensätze und vergleichbarer leistungsbezogener Entgelte, einschließlich der Geldfaktoren
12. Grundsätze über das betriebliche Vorschlagswesen

Neben der zwingenden sozialen Mitbestimmung besteht noch der kleine Bereich der **freiwilligen sozialen Mitbestimmung**. Er wird aufgeführt in § 88 BetrVG und betrifft etwa die Maßnahmen zur Förderung der Vermögensbildung.
Geeignete Form für die Einigung zwischen Betriebsrat und Arbeitgeber ist in den meisten Fällen der sozialen Mitbestimmung (und auch sonst) die **Betriebsvereinbarung**. Arbeitgeber und Betriebsrat treffen dabei eine förmliche Vereinbarung, die als Rechtsnorm unmittelbar auf die Arbeitsverhältnisse einwirkt. Gesetz und Tarifvertrag gehen dem natürlich vor. Die Möglichkeit, Betriebsvereinbarungen abzuschließen, wird in der Paxis sehr rege genutzt. Eine solche Vereinbarung existiert in fast jedem größeren Betrieb. Das Betriebsverfassungsgesetz regelt den Abschluß von Betriebsvereinbarungen in § 77. Sie sind demnach schriftlich niederzulegen, von beiden Seiten zu unterschreiben und vom Arbeitgeber im Betrieb auszulegen. Zur Betriebsvereinbarung zwischendurch der

Leitsatz 33:
(Betriebsvereinbarung)
Die Betriebsvereinbarung ist eine formbedürftige Vereinbarung zwischen Betriebsrat und Arbeitgeber über Angelegenheiten, die zum Aufgabenbereich des Betriebsrats gehören. Die dort festgelegten Regelungen gelten als Normen direkt für die Arbeitsverträge. Hinter Gesetz und Tarifvertrag treten die Regelungen der Betriebsvereinbarung allerdings zurück.

Die erörterte soziale Mitbestimmung, deren geeignete Regelungsform die Betriebsvereinbarung ist, stellt allerdings noch keinesfalls den gesamten Bereich der Mitbestimmung des Betriebsrats dar. Die Mitbestimmungsrechte erstrecken sich, wie schon aufgeführt, darüber hinaus auch auf die wirtschaftlichen und personellen Angelegenheiten und auf die Gestaltung von Arbeitsplatz und Arbeitsablauf.

Die Rechte des Betriebsrats in Bezug auf **die Gestaltung von Arbeitsplatz, Arbeitsablauf und Arbeitsumgebung** werden in den §§ 90 u. 91 BetrVG beschrieben. Danach verfügt der Betriebsrat über ein umfassendes Unterrichtungs- und Beratungsrecht in Bezug auf Planungen im Betrieb. Dies bezieht sich nicht nur auf Neu-, Um- und Erweiterungsbauten von Fabrikations-, Verwaltungs- und sonstigen betrieblichen Räumen, sondern auch auf die Planung von technischen Anlagen, Arbeitsverfahren und Arbeitsplätzen als solches. Sinn dieser Regelung ist es, bereits im Planungsstadium eine Rücksichtnahme auf die menschliche Gestaltung der Arbeitsplätze zu garantieren.

Die **Mitbestimmung in personellen Angelegenheiten** (§§ 92 – 105 BetrVG) umfaßt jene Maßnahmen, die die Personalplanung und führung des Arbeitgebers betreffen.

Die Mitbestimmung fängt an bei der Auswahl und Einstellung der Bewerber (Stichwörter: Fragebogen, Auswahlrichtlinien) und geht über die Berufsbildung bis zur Kündigung. Bedeutend sind hierbei insbesondere die Regelungen zur Kündigung, die wir schon in den entsprechenden Lektionen erörtert haben (8 u. 9).

Die **Mitbestimmung in wirtschaftlichen Angelegenheiten** (§§ 106 – 113 BetrVG) bezieht sich auf die Bildung eines Wirtschaftsausschusses und auf Betriebsänderungen.

Die Bildung des Wirtschaftsausschusses betrifft, anders als die bisher erörterten Mitbestimmungsangelegenheiten, nicht den Betrieb, sondern das Unternehmen (Zum Unterschied siehe Lektion 2). In Unternehmen mit mehr als 100 ständigen Arbeitnehmern wird ein Wirtschaftsausschuß gebildet. Dieser hat die Aufgabe, wirtschaftliche Angelegenheiten mit dem Unternehmer zu beraten und die Betriebsräte zu unterrichten (§ 106 Abs. 1 BetrVG). Die Tätigkeit des Wirtschaftsausschusses bezieht sich nicht auf die laufende Geschäftsführung, sondern auf die Angelegenheiten, die das Unternehmen im wesentlichen berühren (§ 106 Abs. 2 u. 3 BetrVG). Als Beispiele sind etwa die Produktions- und Absatzlage oder die Rationalisierungsvorhaben zu nennen.

Bei geplanten Betriebsänderungen, bei denen die Gefahr wesentlicher Nachteile für die Belegschaft besteht, ist der Betriebsrat vom Arbeitgeber rechtzeitig und umfassend zu unterrichten (§ 111 BetrVG). Damit soll die Möglichkeit eröffnet werden, geeignete Maßnahmen zum Ausgleich oder zur Milderung wirtschaftlicher Nachteile (z.B. Sozialplan) zu treffen.

Zusammenfassend läßt sich feststellen, daß die Freiheit des Arbeitgebers zur Organisation und Führung seines Betriebs von einem engmaschig gewebten Netz von Mitbestimmungsrechten überzogen ist, die die Rechte und Befugnisse der Arbeitnehmer sichern sollen. Nicht nur im Bereich der personellen Entscheidungen, sondern auch in der Planung und bei der Ausgestaltung der Arbeitsplätze und der Sozialeinrichtungen ist der Betriebsrat einzuschalten. Auch wenn oft kein zwingendes Mitbestimmungsrecht, sondern nur eine Informations- oder Anhörungspflicht besteht, so ist die Betriebsleitung doch daran gehindert, Veränderungen, Neuerungen oder aber auch Verbesserungen vorzunehmen, ohne sich mit dem Betriebsrat in Verbindung zu setzen.

Leitsatz 34:
(Mitbestimmung des Betriebsrats)
Die allgemeinen Aufgaben des Betriebsrats bestehen insbesondere aus Eingliederungsfunktionen und dem Wachen über die Einhaltung der für den Arbeitnehmer günstigen Normen im Betrieb (§ 80 BetrVG).
Die Mitbestimmung des Betriebsrats erfolgt in sozialen, personellen und wirtschaftlichen Angelegenheiten, sowie bei der Gestaltung der Arbeitsplätze (§§ 87ff BetrVG). Zum Teil besteht ein zwingendes Mitbestimmungsrecht, zum Teil braucht der Betriebsrat nur rechtzeitig informiert oder angehört zu werden. Die verschiedenen Mitbestimmungsrechte sind insgesamt so umfassend, daß dem Betriebsrat damit ein weitgreifendes Mittel zur Kontrolle der Entscheidungen des Arbeitgebers an die Hand gegeben wurde.

Weitere Einrichtungen des Betriebsverfassungsgesetzes

Wie schon einleitend angedeutet, beschränkt sich das Betriebsverfassungsgesetz nicht nur auf die Institution des Betriebsrats. Daneben bestehen verschiedene weitere Einrichtungen der Arbeitnehmermitbestimmung. Sie werden im folgenden kurz vorgestellt:
Angelegenheiten, die den Betrieb und seine Angestellten unmittelbar betreffen, können auf einer **Betriebsversammlung** diskutiert werden (§§ 42 – 46 BetrVG). An ihr nehmen alle Arbeitnehmer eines Betriebs teil.
In Unternehmen, in denen mehrere Betriebsräte (in mehreren Betrieben) bestehen, ist ein **Gesamtbetriebsrat** einzurichten (§§ 47 – 53 BetrVG). In diesen Unternehmen ist auch eine **Betriebsräteversammlung** einzuberufen

(§ 53 BetrVG). Auf der Betriebsräteversammlung treffen sich ausgesuchte Mitglieder der einzelnen Betriebsräte, um sich zu informieren.

Existiert ein Konzern im Sinn des Aktiengesetzes (§ 18 AktG), kann ein **Konzernbetriebsrat** gebildet werden, der für die Belange, die den Konzern oder die mehrere Konzernunternehmen betreffen, zuständig ist (§§ 54 – 59 BetrVG).

Das Betriebsverfassungsgesetz kennt auch eine gesonderte **Jugend- und Auszubildendenvertretung** (§§ 60 – 71 BetrVG). Sie soll die besonderen Belange der jugendlichen Arbeitnehmer wahrnehmen. Die Organisationsform der Jugend- und Auszubildendenvertretung lehnt sich an die des Betriebsrats an. Gem. § 71 BetrVG kann eine **Jugend- und Auszubildendenversammlung** einberufen werden. Besteht das Unternehmen aus mehreren Betrieben, so ist eine Gesamt-Jugend- und Auszubildendenvertretung einzurichten (§§ 72,73 BetrVG).

Arbeitnehmermitbestimmung neben dem Betriebsverfassungsgesetz

Das Betriebsverfassungsgesetz gilt nicht in Betrieben des Bundes, der Länder, der Gemeinden und sonstiger Körperschaften, Anstalten und Stiftungen des öffentlichen Rechts (etwa in Rundfunkanstalten). Doch auch in diesen Institutionen verfügen die Beschäftigten über Mitbestimmungsrechte. Sie werden von den Bundes- und Länderpersonalvertretungsgesetzen festgelegt. Vertreten werden die Beschäftigten hier nicht von einem Betriebsrat, sondern von der **Personalvertretung**.

Die Regelungen der verschiedenen Personalvertretungsgesetze sind – außer im Anwendungsbereich – weitgehend übereinstimmend mit denen des Betriebsverfassungsgesetzes, zum Teil sind sie sogar wörtlich übernommen worden. Die Unterschiede beschränken sich etwa auf eine kürzere Amtszeit der Vertreter gegenüber den Betriebsräten oder in der Einrichtung einer Stufenvertretung in mehrstufigen Verwaltungen.

Die **Unternehmensmitbestimmung** zerfällt in drei unterschiedliche Bereiche, in die Montanmitbestimmung, in das Betriebsverfassungsgesetz 1952 und in das Mitbestimmungsgesetz.

Die **Montanindustrie** (Kohlen-, Eisenhütten- und Stahlindustrie) kennt seit 1951 eine sehr intensive Form von Mitbestimmung. Hier besteht u.a. der Aufsichtsrat aus gleichen Teilen von Vertretern der Arbeitgeber- und Arbeitnehmerseite. Hinzu kommt, zur Schaffung einer Entscheidungsfähigkeit, lediglich ein von der Mehrheit der Mitglieder gewähltes weiteres Mitglied. Es herrscht also eine echte Parität. Entscheidende Gesetze sind das Montanmitbestimmungsgesetz (Montan-MitbestG) von 1951 und das Montanmitbestimmungsergänzungsgesetz (MitbestErgG) von 1956.

Das **Betriebsverfassungsgesetz 1952** (BetrVG 1952), das neben dem heute aktuellen Gesetz weiterhin gültig ist (§ 129 BetrVG), regelt die Mitbestimmung in Aktiengesellschaften und Kommanditgesellschaften auf Aktien, sowie für bergrechtliche Gesellschaften, Gesellschaften mit beschränkter Haftung, Versicherungsvereinigungen auf Gegenseitigkeit und Genossenschaften mit mehr als 500 Arbeitnehmern. Dort besteht der Aufsichtsrat nur zu einem Drittel aus Vertretern der Arbeitnehmerseite (§§ 76, 77 BetrVG 1952).

Das **Mitbestimmungsgesetz** (MitbestG) aus dem Jahr 1976 regelt die Arbeitnehmermitbestimmung für Handelsgesellschaften, die mehr als 2000 Arbeitnehmer haben. Der Aufsichtsrat besteht wie im Montanbereich auch hier zu gleichen Teilen aus Vertretern der Arbeitgeber- und Arbeitnehmerseite. Die Entscheidungsfähigkeit wird hier jedoch durch ein doppeltes Stimmrecht des Vorsitzenden gewährleistet. Dieser wird allerdings, was die gleichberechtigte Mitbestimmung ausschließt, letztlich von den Arbeitgebern gestellt.

Übersicht 11:
Arbeitnehmermitbestimmung

Einrichtungen des Betriebsverfassungsgesetzes
– **Betriebsrat**   (§§ 7 – 41 BetrVG)
– Betriebsversammlung   (§§ 42 – 46 BetrVG; für alle Arbeitnehmer eines Betriebs)
– Gesamtbetriebsrat   (§§ 47 – 53 BetrVG; in mehreren Betrieben)
– Betriebsräteversammlung   (§ 53 BetrVG; in mehreren Betrieben)
– Konzernbetriebsrat   (§§ 54 – 59 BetrVG; in Konzernen im Sinne des Aktiengesetzes (§ 18 AktG))

Einrichtungen des Betriebsverfassungsgesetzes
– Jugend- und Auszubildendenvertretung (§§ 60 – 71 BetrVG; für die besonderen Belange der jugendlichen Arbeitnehmer) – Jugend- und Auszubildendenversammlung (§ 71 BetrVG; für alle Jugendlichen und Auszubildenden) – Gesamt-Jugend- und Auszubildendenvertretung (§§ 72,73 BetrVG; bei mehreren Betrieben)
Arbeitnehmermitbestimmung neben dem Betriebsverfassungsgesetz
– **Personalvertretung** (verschiedene Bundes- und Länderpersonalvertretungsgesetze; in Betrieben des Bundes, der Länder, der Gemeinden und sonstiger Körperschaften, Anstalten und Stiftungen des öffentlichen Rechts; mit dem Betriebsrat vergleichbar)
– **Unternehmensmitbestimmung** – Montanmitbestimmung (Montan-MitbestG von 1951, MitbestErgG von 1956; Bildung eines echt paritätisch besetzten Aufsichtsrats) – Betriebsverfassungsgesetz 1952 (§ 129 BetrVG 1972; betrifft AG, KGaA, bergrechtliche Gesellschaften sowie GmbH, Versicherungsvereinigungen auf Gegenseitigkeit und Genossenschaften mit mehr als 500 Arbeitnehmern; Aufsichtsrat besteht zu einem Drittel aus Vertretern der Arbeitnehmerseite) – Mitbestimmungsgesetz (MitbestG) (Für Handlesgesellschaften mit mehr als 2000 Arbeitnehmern; Bildung eines paritätischen Aufsichtsrats, bei dem der vorsitzende Arbeitgebervertreter allerdings über ein entscheidendes doppeltes Stimmrecht verfügt)

Anhang: Arbeitsgerichtsverfahren

15. Lektion: Arbeitsgerichtliches Verfahren

FALL 33: Aus heiterem Himmel erhält Ihr Freund A von seinem Arbeitgeber eine Kündigung. Sie erkennen – nachdem Sie dieses Buch bis hierher studiert haben – daß die Kündigung möglicherweise nicht „in Ordnung" ist und raten ihm, dagegen anzugehen. Aber vor welchem Gericht? Braucht er einen Anwalt? Wie wird das Verfahren ablaufen?

Das arbeitsrechtliche Verfahren läuft nicht, wie oft vermutet, vor den ordentlichen Gerichten ab (Amtsgericht, Landgericht, etc.), sondern vor der eigenständigen **Arbeitsgerichtsbarkeit**.

Die Arbeitsgerichtsbarkeit gliedert sich in **drei Instanzen**:
– die Arbeitsgerichte (ArbG)
– die Landesarbeitsgerichte (LAG)
– das Bundesarbeitsgericht in Kassel (BAG)

Auch für das Verfahren vor der Arbeitsgerichtsbarkeit gilt grundsätzlich die Zivilprozeßordnung (ZPO), sie wird jedoch durch das **Arbeitsgerichtsgesetz** (ArbGG) in einigen Punkten abgeändert.

In den Arbeitsgerichten urteilen nicht nur **Berufsrichter**, sondern auch **ehrenamtliche Richter**. Dabei handelt es sich um interessierte Personen aus den Kreisen der Arbeitgeber und Arbeitnehmer. Sie werden auf Dauer von jeweils vier Jahren berufen (§§ 20, 37, 43 ArbGG).

Berufsrichter und ehrenamtliche Richter sitzen in den Spruchkörpern zusammen: Die Kammern der Arbeits- und der Landesarbeitsgerichte bestehen aus einem Berufsrichter und je einem ehrenamtlichen Richter aus den Kreisen der Arbeitgeber und Arbeitnehmer (§§ 16ff u. 35ff ArbGG). Die Senate des Bundesarbeitsgerichts setzen sich aus drei Berufsrichtern und zwei ehrenamtlichen Richtern zusammen (§§ 41ff ArbGG).

Vor den **Arbeitsgerichten** kann sich jeder selbst vertreten. Zu diesem Zweck haben viele Arbeitsgerichte eine **Rechtsantragsstelle** eingerichtet, die jeden Morgen geöffnet hat und in der eine geschulte Kraft die Wünsche der Besucher in eine geeignete Form (z.B. Klage) bringt. Selbstverständlich kann man sich am Arbeitsgericht auch durch einen Rechtsanwalt vertreten lassen (allerdings auf eigene Kosten s.u.). Als drittes besteht auch die Möglichkeit, einen Vertreter einer Gewerkschaft oder eines Arbeitgeberverbandes mit der Prozeßvertretung zu beauftragen. Diese dritte Möglichkeit wird in der Praxis oft von den Gewerkschaftsmitgliedern genutzt, für die die Vertretung dann in der Regel kostenfrei ist.

Das Gesagte gilt auch für die **Landesarbeitsgerichte**, mit der Ausnahme, daß die eigene Vertretung dort ausgeschlossen ist. Vor dem **Bundesarbeitsgericht** sind schließlich nur noch Rechtsanwälte vertretungsberechtigt.

Geregelt wird die Prozeßvertretung in § 11 ArbGG, den Sie wegen der exakten Ausformulierung noch einmal lesen sollten.

Die Prozeßführung im Arbeitsgerichtsverfahren ist kostengünstiger und problemloser als vor der Zivilgerichtsbarkeit. Zum einen sind die Gerichtsgebühren niedriger und es brauchen bei Klageeinreichung (und auch sonst) keine Kostenvorschüsse entrichtet zu werden (§ 12 ArbGG). Zum anderen braucht der Unterlegene in der ersten Instanz nicht die Prozeßvertretungskosten (Anwaltskosten etc.) des Gegners zu erstatten (§ 12a ArbGG). Vor dem Arbeitsgericht trägt also jede Partei die Kosten ihrer Vertretung selbst.

Das Verfahren vor dem Arbeitsgericht beginnt mit einer Besonderheit: Der Vorsitzende Richter setzt eine **Güteverhandlung** an. Ziel dieser Verhandlung, die ohne ehrenamtliche Richter durchgeführt wird, ist es, zwischen den Parteien einen Vergleich zu finden. Zu diesem Zweck wird dort das gesamte Streitverhältnis unter freier Würdigung aller Umstände erörtert (§ 54 ArbGG).

Es kommt häufig vor, daß in der Güteverhandlung ein Vergleich erlangt wird. Damit ist der Prozeß dann sehr schnell beendet. Doch auch wenn kein Vergleich gefunden wird, soll das Verfahren beschleunigter ablaufen als der normale Zivilprozeß. Das arbeitsrechtliche Verfahren kennt den sog. **Grundsatz der Beschleunigung** (§ 9 ArbGG). Demnach ist das Verfahren in allen Rechtszügen zu beschleunigen. Die Umsetzung dieses Grundsatzes erfolgt mit Hilfe vieler kleinerer Regelungen, etwa mit dem Verzicht auf Gerichtsferien (§ 9 Abs.1 S.2 ArbGG).

Zusammenfassend können wir feststellen, daß das arbeitsgerichtliche Verfahren relativ kostengünstig und unkompliziert abläuft.

Ihren Freund aus unserem **Einstiegsfall 33** können Sie nun besser beraten: Sein Prozeß wird vor dem Arbeitsgericht laufen. Er benötigt nicht unbedingt einen Anwalt, das Verfahren wird mit einer Güteverhandlung beginnen und dann ggf. beschleunigt durchgezogen.

Vergessen Sie aber nicht, Ihren Freund auf die kurze Frist, innerhalb der die Kündigungsschutzklage einzureichen ist, hinzuweisen (§§ 4,7 KSchG bzw. §§ 13 Abs.1 S.2, 4, 7 KSchG; Vgl. Lektion 7f). Sind 3 Wochen erst einmal verstrichen, so kann auch ein Anwalt nur sehr selten helfen.

Beschlußverfahren

Neben dem bisher besprochenen Urteilsverfahren kennt das Arbeitsrecht das **Beschlußverfahren** (§§ 80ff ArbGG). Es dient vor allem der Entscheidung **betriebsverfassungsrechtlicher und anderer mitbestimmungsrechtlicher Angelegenheiten.** Dementsprechend stehen sich dort in der Regel Betriebsrat und Arbeitgeber gegenüber.

Eingeleitet wird das Beschlußverfahren nicht durch eine Klage, sondern durch einen Antrag (§ 81 ArbGG). Der streitige Sachverhalt wird dann von Amts wegen aufgeklärt (§ 83 ArbGG). Während also im normalen Verfahren die Parteien für die Beibringung des vollständigen Sachverhalts verantwortlich sind, ist es hier das Gericht. Dieses kann daher auch von sich aus Beweis erheben (§ 83 Abs.2 ArbGG).

Die Parteien eines Beschlußverfahrens werden „Beteiligte" genannt.

Des weiteren kommt es nicht zu einer streitigen Verhandlung, sondern lediglich zu einem Anhörungstermin (§ 83 Abs.4 ArbGG). Entschieden wird dann ggf. durch einen „Beschluß" und nicht durch ein Urteil (Dieser Tatsache verdankt das Verfahren seinen Namen).

Letztlich ist für uns von Interesse, daß gem. § 12 Abs.5 ArbGG keine Gerichtskosten erhoben werden. Damit ist das Beschlußverfahren für die Beteiligten kostenlos, soweit ihnen nicht Kosten durch ihre Vertretung entstehen.

Übersicht 12:

Aufbau der Arbeitsgerichtsbarkeit

	1. Instanz	2. Instanz	3. Instanz
Gerichte	Arbeitsgerichte	Landesarbeitsgerichte	Bundesarbeitsgericht (in Kassel)
Abkürzung der Gerichte	ArbG <Ort> (z.B. ArbG Berlin)	LAG <Ort> (z.B. LAG Hannover)	BAG
Bezeichnung der Entscheidungsgremien	Kammer	Kammer	Senat
Zusammensetzung der Entscheidungsgremien	1 Berufsrichter und 2 ehrenamtliche Richter (§§ 16ff ArbGG)	1 Berufsrichter und 2 ehrenamtliche Richter (§§ 37ff ArbGG)	3 Berufsrichter und 2 ehrenamtliche Richter (§§ 41ff ArbGG)
Prozeßvertretung (§ 11 ArbGG)	selbst oder durch Vertreter: a) Vertreter von Gewerkschaften, Arbeitgeberverbänden u.ä. b) Rechtsanwälte	nur durch Vertreter: a) Vertreter von Gewerkschaften, Arbeitgeberverbänden u.ä. b) Rechtsanwälte	nur durch Rechtsanwälte

Verzeichnis der Leitsätze und Übersichten

(L = Leitsatz; Ü = Übersicht)

		Seite
L 1	Individual- und Kollektivarbeitsrecht	9
L 2	Arbeitnehmer oder Selbständiger	11
Ü 1	Arbeitsleistende	12
L 3	Arbeitgeber	13
Ü 2	Betrieb – Unternehmen – Konzern	14
L 4	Angestellter oder Arbeiter	16
L 5	Leitende Angestellte	18
L 6	Arbeitsvertrag	21
L 7	Aufwendungen zum Vorstellungsgespräch	22
L 8	Anfechtung des Arbeitsvertrags wegen argl. Täuschung	24
L 9	Zulässigkeit von Einstellungsfragen	26
Ü 3	Zulässigkeit der Fragen bei Vorstellungen	28
L 10	Anfechtung wegen Irrtums	29
L 11	Nichtigkeit des Arbeitsverhältnisses	30
L 12	Teilnichtigkeit	32
Ü 4	Mängel des Arbeitsvertrages	32
L 13	Arbeitspflicht (gem. § 611 BGB)	35
L 14	Treuepflicht	36
L 15	Haftung des Arbeitnehmers	39
Ü 5	Haftung des Arbeitnehmers	39
L 16	Pflichten des Arbeitgebers	43
L 17	Kündigungsfristen	44
L 18	Voraussetzungen des Kündigungsschutzes des KSchG	45
L 19	Rechtfertigungsgründe des KSchG	48
L 20	Kündigungsschutzbestimmungen	49
L 21	Anhörung des Betriebsrats	50
Ü 6	Prüfung bei der ordentl. Kündigung (§§ 620–625 BGB)	58
L 22	Änderungskündigung	52
L 23	Abmahnung	55
L 24	Außerordentliche Kündigung	58
Ü 7	Prüfung bei der außerordentl. Kündigung (§ 626 BGB)	58
L 25	Aufhebungsvertrag	61
L 26	Befristung des Arbeitsverhältnisses	65
L 27	Befristung des ArbVhn nach dem BeschäftigungsFördG	65
L 28	Rechtliche Merkmale einer Koalition	69
L 29	Gewerkschaften und Arbeitgeberverbände	71
L 30	Tarifgebundenheit und Allgemeinverbindlicherklärung	76
L 31	Streik	79
L 32	Aussperrung	81
Ü 8	Anzahl der Betriebsratsmitglieder (§ 9 BetrVG)	82
Ü 9	Berufliche Freistellung von Betriebsratsmitgliedern	83
Ü 10	Die zwing. MitbestRechte in soz. Angelegenheiten	86
L 33	Betriebsvereinbarung	87
L 34	Mitbestimmung des Betriebsrats	89
Ü 11	Arbeitnehmermitbestimmung	91
Ü 12	Aufbau der Arbeitsgerichtsbarkeit	95

Sachregister

(Die Zahlen bedeuten die Seiten)

Abmahnung vor Kündigung 47, 54f
Allgemeinverbindlichkeitserklärung 75
Änderungskündigung 52
Anfechtung des Arbeitsvertrages 23ff, 61
Angestellte
– Definition 15ff
– Leitende Angestellte 17f
AP (Arbeitsrechtliche Praxis) 8
Arbeiter 15ff
Arbeitgeber 7, 13
Arbeitgeberverbände 67ff
Arbeitnehmer 7, 9ff
Arbeitsgerichte 93ff
Arbeitsgerichtsverfahren 93ff
Arbeitskampf 76ff
Arbeitsrechtliche Praxis (AP) 8
Arbeitsvertrag 21ff
Arbeitszeit 10
Arbeitszeiten
  (Zeit der Arbeitsleistung) 35
Art der Arbeitsleistung 34f
Aufhebungsvertrag 59ff
Ausschreibung einer Arbeitsstelle 23
Aussperrung 76f, 80f
Austauschverhältnis 33

BAGE 8
Beamte 11
Befristung des Arbeitsvertrages 62ff
Berufsgruppenverzeichnis 16
Beschäftigungsförderungsgesetz 65ff
Beschlußverfahren 95
Besonderer Kündigungsschutz 48f, 57
Betrieb 13ff
Betriebsberater (BB) 8
Betriebsrat 81ff
Betriebsräte 83ff
Betriebsräteversammlung 89f
Betriebsratsanhörung
  vor Kündigung 49f, 67

Betriebsvereinbarung 87
Betriebsversammlung 89
Bundesarbeitsminister 16
Bundesarbeitsgericht 93ff

CD-ROM 8

Der Betrieb (DB) 8
Dienstvertrag 21

Ehegatten 12
Ehrenamtliche Richter 93
Eingliederung in den Betrieb 10
Einstellung 21ff
Einstellungsfragebogen 24ff
Einstellungsgespräch 24ff
Ex nuno 29
EZA (Entscheidungssammlung
  zum Arbeitsrecht) 8

Faktisches Arbeitsverhältnis 30
Friedenspflicht 78
Fürsorgepflicht 41

Gefahrgeneigte Arbeit 37ff
Generalvollmacht 18
Gesamtbetriebsrat 89
Gesellschafter 11
Gewerkschaften 67ff
Gleichbehandlungspflicht 41f
Günstigkeitsprinzip 73f
Güteverhandlung 94

Haftung des Arbeitnehmers 36ff

Individualarbeitsrecht 8, 21ff
Industriegewerkschaften 67

Jugend- und Auszubildendenvertretung 90

Kettenarbeitsverträge 64
Kinder 12
Koalition 68f
Koalitionsfreiheit 68
Kollektivarbeitsrecht 8, 67ff
Konzern 14f
Konzernbetriebsrat 90
Krankheit 40
Kündigung
– Abmahnung 47, 64f
– Änderungskündigung 52
– Außerordentliche Kündigung 53ff
– Betriebsbedingte Kündigung 47f
– Betriebsratsanhörung 49f, 67
– Ordentliche Kündigung 43ff
– Personenbedingte Kündigung 46
– Schutz für Betriebsratsmitglieder 49, 57, 84
– Schutz für (werdende) Mütter 48, 57
– Schutz für Schwerbehinderte 49, 57
– Schutz für Jugendvertreter 49
– Verhaltensbedingte Kündigung 46f
Kündigungsfrist 44
Kündigunsschutzgesetz (KSchG) 45ff

Landesarbeitsgerichte 93ff

Mitbestimmung des Betriebsrats 84ff
Montanmitbestimmung 90f
Mutterschutz 48, 57

Nichtigkeit des Arbeitsvertrages 30ff
NJW (Neue Juristische Wochenschrift) 7f

Ort der Arbeitsleistung 35

Personalvertretung 90
Positive Vertragsverletzung 37ff
Prokura 18

Rechtsantragsstelle 93
Repräsentationspflicht 36
Richter 11

Schwerbehindertenschutz 49, 57
Selbständige 9ff
Soldaten 11
Soziale Rechtfertigung 46ff
Strafgefangene 11
Streik 76ff

Tariffähigkeit 71
Tarifgebundenheit 74f
Tarifvertrag 71ff
Treuepflicht 35f

Unterlassungspflicht 36
Unternehmen 14f
Unternehmensmitbestimmung 90f
Urlaub 9, 42

Verfahren vor dem Arbeitsgericht 93ff
Verhaltenspflicht 36
Vorstandsmitglieder juristischer Personen 12
Vorstellungsgespräch 21

Warnstreik 78
Weihnachtsgeld 40f
Weisungsgebundenheit 10
Werk 13f
Wilder Streik 79

Zeugnis 42